本书系河南省科技计划项目软科学研究

"生态足迹视角下河南省新型城镇化发展的战略选择和
动力机制研究"（162400410379）研究成果

河南省农业现代化与农民增收的协同机制研究

杨 强◎著

HENANSHENG NONGYE XIANDAIHUA YU NONGMIN ZENGSHOU DE XIETONG JIZHI YANJIU

中国社会科学出版社

图书在版编目（CIP）数据

河南省农业现代化与农民增收的协同机制研究/杨强著. —北京：中国社会科学出版社，2016.11
ISBN 978 – 7 – 5161 – 7977 – 2

Ⅰ.①河…　Ⅱ.①杨…　Ⅲ.①农业现代化—研究—河南省 ②农民收入—收入增长—研究—河南省　Ⅳ.①F327.61 ②F323.8

中国版本图书馆 CIP 数据核字（2016）第 074847 号

出 版 人	赵剑英
责任编辑	卢小生
特约编辑	林　木
责任校对	周晓东
责任印制	王　超

出　　版	中国社会科学出版社
社　　址	北京鼓楼西大街甲 158 号
邮　　编	100720
网　　址	http://www.csspw.cn
发 行 部	010 – 84083685
门 市 部	010 – 84029450
经　　销	新华书店及其他书店

印　　刷	北京君升印刷有限公司
装　　订	廊坊市广阳区广增装订厂
版　　次	2016 年 11 月第 1 版
印　　次	2016 年 11 月第 1 次印刷

开　　本	710 × 1000　1/16
印　　张	12.25
插　　页	2
字　　数	206 千字
定　　价	45.00 元

凡购买中国社会科学出版社图书，如有质量问题请与本社营销中心联系调换
电话：010 – 84083683

摘　要

党的十八大报告提出，要千方百计增加居民收入，确保到 2020 年实现国内生产总值和城乡居民人均收入比 2010 年翻一番，实现全面建成小康社会的宏伟目标。而实现国民收入倍增计划的关键是增加农民收入。全面建成小康社会，基础在农业，难点在农村，关键在农民。

2014 年 1 月 19 日，《关于全面深化农村改革加快推进农业现代化的若干意见》指出：全面深化农村改革，要坚持社会主义市场经济改革方向，处理好政府和市场的关系，激发农村经济社会活力，要鼓励探索创新，在明确底线的前提下，支持地方先行先试，尊重农民群众实践创造，城乡统筹联动，赋予农民更多财产权利，推进城乡要素平等交换和公共资源均衡配置，让农民平等地参与现代化进程，共同分享现代化成果。

本书以农业现代化的理论与实践研究为切入点，研究河南省农业现代化与农民增收问题的协调机制，为河南省农业现代化及今后农民增收提供一定的理论和决策依据。

本书主要运用从抽象到具体、规范分析与实证分析相结合、定性分析与定量分析相结合等经济学研究方法，结合经济学理论、农业现代化和农民增收等方面理论，通过运用农业经济学、区域经济学、计量经济学、系统科学等学科的基础理论，对河南省农业现代与农民增收问题进行了系统化的多学科交叉分析，并采用定性分析的方法对农业现代化与农民增收的相关概念、内涵、相关理论进行了有选择的重点研究。在对河南省农业现代化与农民增收关系进行研究时，采用了定量分析方法，通过对 1978—2013 年相关统计数据的收集和河南省农业现代化中各投入要素的计算，建立起河南省农民增收模型，并对农业现代化中各要素的贡献率进行正反两方面的质与量、实证与规范、定性与定量的综合分析。目的是探求河南省农业现代化与农民增收关系计量模型的普适性或差异性，并找出对河南省农民增收影响最大的因素，为本书提出的河南省农业现代化背景下促进农民增收对策和建议提供实证依据。

基于此，本书提出以研究河南省农业现代化发展和农民增收作为切入点，对河南省农业现代化发展和农民增收的协同机制进行研究，本书依据研究特性，将研究地域范围具体界定为河南省下辖的 17 个省辖市、21 个县级市，88 个县，50 个市辖区，1841 个乡镇，558 个街道办事处，4105 个社区居委会，47140 个村委会。将研究所涉及的河南省农业现代化具体界定为农业机械化、农村信息化、农田水利化、农业产业化、农民人力资本化和农业生态化六个方面。通过一系列相关分析，得出研究结论主要有：

（1）河南省农业现代化与农民增收中的突出问题是：农业资金投入不足，基础设施薄弱；农业生产不规模，经营方式落后；城乡居民收入差距扩大；农业发展后劲不足；农民人力资本水平偏低；农业生态环境脆弱，土地退化严重。

（2）河南省农业现代化与农民增收中问题的深层次原因是：陈旧的思想观念、粗放的经营方式、落后的技术条件、缺失的激励机制。

（3）河南省农业现代化与农民增收协同发展模型分析结论：在河南省农业现代化背景下，2000 年以后农民增收的各因素贡献率相对平稳，贡献率也在稳定增加。为了使河南省农民的收入持续增加，要提升农业经济发展的综合能力，加大资金投入力度，增强对农村劳动者的投入力度，提高农业科技推广利用效率，提升科技在农民增收中的作用。

（4）河南省农业现代化与农民增收的总体思路：坚持以粮为基、统筹"三农"，推动全局，依据"全链条、全循环、高质量、高效益"发展理念，大力转变农业发展方式，使规模稳健扩大、质量加快提升，积极构建集良种繁育、规模生产、精深加工、物流销售和循环利用于一体的现代农业产业体系，深入推进农业结构战略性调整，推动农业产业升级，优化现代农业发展布局。

（5）实现农民收入持续快速增长，解决农民增收问题的对策是：加大农业投入和补贴力度、完善农业科技创新机制、强化农业技术推广服务、加快农业科技人才培养。

（6）河南省农业现代化与农民增收协调发展的政策建议是：推进农业机械化、完善农田水利设备、培养新型农民、推进农村信息化、强化农业产业化、实现农业生态化。

由于河南省点多、线长、面广，鉴于时间和经费的有限性，相关资料和数据收集不尽完善，致使本书研究结论存在诸多不足，主要表现在：

（1）本书仅以河南省各市、县为单位对农业现代化与农民增收中存在的问题进行相应分析，缺乏针对各个农村具体情况的具体分析。

（2）本书仅从农业机械化、农村信息化、农田水利化、农业产业化、农民人力资本化和农业环境生态化六大方面对河南省农业现代化与农民增收问题进行分析，其中每个方面都牵涉众多因素，因而缺乏具体到内部具体层面上的细化分析。

由于上述不足，决定拥有后续研究价值：

（1）河南省各个农村（尤其是偏远农村）的农业现代化与农民增收问题差别较大，需要针对具体情况具体分析，因而针对每个市县的农村农业现代化与农民增收问题还有待于进一步的细化研究。

（2）农业现代化是一个系统化的长期性工程，它的高效率实现依赖高效完善的基础设施建设、健全的市场机制以及相应的协调机构、法制环境等，因而对这些相关部门相关方面还有待于进一步研究。

本书最后结合实证分析结论，设计了河南省农业现代化与年初增收协同发展的总体思路，提出了在推进河南省农业现代化过程中，实现农民收入持续快速增长，解决农民增收问题的对策，即加大农业投入和补贴力度、完善农业科技创新机制、强化基层公益性农业技术推广服务、加快科技人才的培养、培育和支持新型农业社会化服务组织等。

目　录

第一章 引言

第一节 研究背景

一 "三农"政策解读

党的十八大报告提出,要千方百计增加居民收入,确保到 2020 年实现国内生产总值和城乡居民人均收入比 2010 年翻一番,实现全面建成小康社会的宏伟目标。实现国民收入倍增计划的关键是增加农民收入,全面建成小康社会,基础在农业,难点在农村,关键在农民。

党的十八届三中全会做出的《中共中央关于全面深化改革若干重大问题的决定》指出:应该赋予农民拥有更多财产的权利,赋予农民对自己所承包土地的占有、使用、收益、流转、承包经营权抵押、担保权能,赋予农民对集体资产股份的占有、收益、有偿及抵押、担保、继承权。

"中央一号文件"原指中共中央每年发的第一份文件,由于连续多年都强调的是农村、农民、农业问题,现在已经成为中共中央重视农村问题的专有称呼。中共中央在 1982—1986 年连续五年发布了五个农业、农村和农民为主题的"中央一号文件",对农村改革和农业发展做出具体部署。2004—2008 年又连续五年发布以"三农"为主题的五个中央一号文件,强调"三农"问题在中国社会主义现代化时期"重中之重"的地位。

1982 年 1 月 1 日,中共中央发布第一个关于"三农"问题的"中央一号文件",重点总结了前一阶段迅速推开的农村改革各项事宜。文件认为,包产到户、包干到户或大包干,它们都是社会主义生产责任制,还认为它们不同于合作化以前的小私有的个体经济,而是社会主义农业经济的重要组成部分。

1983 年 1 月,第二个"中央一号文件",《当前农村经济政策的若干问题》正式颁布。从理论上说明了家庭联产承包责任制"是在党的领导下中国农民的伟大创造，是马克思主义农业合作化理论在我国实践中的新发展"。

1984年1月1日，中共中央发出《关于一九八四年农村工作的通知》，即第三个"中央一号文件"。文件强调要继续稳定和完善联产承包责任制，规定土地承包期一般应在15年以上，生产周期长的和开发性的项目，承包期应当更长一些。

1985年1月，中共中央、国务院发出《关于进一步活跃农村经济的十项政策》，即第四个"中央一号文件"。取消了农副产品统购派购制度，对粮、棉等少数重要产品采取国家计划合同收购的新政策。

1986年1月1日，中共中央、国务院下发第五个"中央一号文件"，即《关于一九八六年农村工作的部署》。文件充分肯定当前农村改革的方针政策的正确性，要求要继续贯彻执行这些方针政策，深入改革，改善农业生产条件，推动农村经济的持续稳定协调发展。

2003年12月30日，在时隔18年之后，"中央一号文件"再次回归农业。胡锦涛总书记签署了《中共中央、国务院关于促进农民增加收入若干政策的意见》。2005年1月30日，中国中央发布第七个"中央一号文件"，即《中共中央、国务院关于进一步加强农村工作提高农业综合生产能力若干政策的意见》。2006年2月21日，新华社授权全文公布了以"建设社会主义新农村"为主题的2006年"中央一号文件"。2007年1月29日，中共中央公布《中共中央、国务院关于积极发展现代农业扎实推进社会主义新农村建设的若干意见》。2008年1月30日，中共中央公布《中共中央、国务院关于切实加强农业基础建设进一步促进农业发展农民增收的若干意见》。至此，2003—2008年，中国在新世纪连续出台了五个指导"三农"工作的"中央一号文件"，有效地促进了农业增产，农民增收，提高了农业综合生产能力，开创了社会主义新农村建设新局面，也给农业健康发展、农民持续增收和农村长期稳定提供了强有力保证。

2004年1月，针对近年来全国农民人均纯收入连续增长缓慢情况，中共中央下发《中共中央国务院关于促进农民增加收入若干政策的意见》，这是关于农业的第六个"一号文件"。文件指出要在当前和今后一个时期内，牢固树立科学发展观，坚持"多予、少取、放活"的方针，调整农业结构、扩大农民就业，强化对农业的支持保护，力争实现农业收入较快增长，尽快改善城乡居民收入差距不断扩大的趋势。

2005 年 1 月 30 日，发布《中共中央国务院关于进一步加强农村工作提高农业综合生产能力若干政策的意见》即第七个"中央一号文件"。文件指出要继续坚持"多予、少取、放活"的方针，稳定并加强各项支农政策。在当前和今后一段时期，都要把加强农业基础设施建设，加快农业科技进步，提高农业综合生产能力，努力实现粮食产量稳定增加、农民收入持续增长，农村经济社会全面发展。

2006 年 2 月 21 日，中共中央、国务院下发《中共中央国务院关于推进社会主义新农村建设的若干意见》，是中共中央关于农村农民问题的第八个"中央一号文件"。文件显示，当前农业和农村发展正处在艰难爬坡阶段，解决好"三农"问题，依然是工业化、城镇化进程中的艰巨历史任务。要始终把"三农"工作放在中心地位，切实把建设社会主义新农村的各项任务落到实处，加快农村全面小康和现代化建设步伐。

2007 年 1 月 29 日，《中共中央国务院关于积极发展现代农业扎实推进社会主义新农村建设的若干意见》下发，即改革开放以来中央第九个"一号文件"。文件要求，发展现代农业是社会主义新农村建设的首要任务，要用现代物质条件装备农业，用现代科学技术改造农业，用现代产业体系提升农业，用现代经营形式推进农业，用现代发展理念引领农业，用培养新型农民发展农业，提高农业水利化、机械化和信息化水平，提高土地产出率、资源利用率和农业劳动生产率，提高农业素质、效益和竞争力。

2008 年 1 月 30 日，《中共中央国务院关于切实加强农业基础建设进一步促进农业发展农民增收的若干意见》下发，这是中共中央第十个"中央一号文件"。意见指出，要高举中国特色社会主义伟大旗帜，以邓小平理论和"三个代表"重要思想为指导，按照形成城乡经济社会发展一体化新格局的要求，突出加强农业基础建设，积极促进农业稳定发展、农民持续增收，努力保障主要农产品基本供给，切实解决农村民生问题，扎实推进社会主义新农村建设。

2008 年 12 月 31 日，《中共中央国务院关于 2009 年促进农业稳定发展农民持续增收的若干意见》中指出，应该进一步增加农业补贴、保持农产品价格合理水平、增强农村金融服务能力、支持优势产区集中发展油料等经济作物生产、加强农产品市场体系建设、加强农产品进出口调控等。

2009 年 12 月 31 日，《中共中央国务院关于加大统筹城乡发展力度进一步夯实农业农村发展基础的若干意见》下发并指出，完善农业补贴制度和市场调控机制、积极引导社会资源投向农业农民农村问题、推进"菜篮子"产品标准化生产、加强农村水电路建设、积极推进林业改革、提高农业对外开放水平等。

2011年1月30日,《中共中央国务院关于加快水利改革发展的决定》下发并指出,要加强农田水利建设、合理开发水资源、搞好水土保持和水生态保护、加大公共财政对水利的投入、加强对水利建设的金融支持、广泛吸引社会资金投资水利等。

2012年2月1日,《关于加快推进农业科技创新持续增强,农产品供给保障能力的若干意见》指出,全党要始终保持清醒认识,要把农业科技摆上更加突出的位置,持续加大农业科技投入,下决心突破体制机制障碍,大幅度增加农业科技投入,推动农业科技跨越式发展,为农业增产、农民增收、农村繁荣注入强劲动力。

2013年1月31日,《关于加快发展现代农业进一步增强农村发展活力的若干意见》指出:在当前形势下,仍要始终坚持把解决好农业、农村、农民问题作为全党工作的重点,把城乡一体化发展作为解决"三农"问题的根本途径。

2014年1月19日,《关于全面深化农村改革加快推进农业现代化的若干意见》指出:虽然农业农村发展持续向好、稳中有进,农村社会保持和谐稳定,但仍要继续全面深化农村改革,坚持社会主义市场经济改革方向,激发农村经济社会活力,要鼓励探索创新,赋予农民更多财产权利,推进城乡要素平等交换和公共资源均衡配置,共同分享现代化成果。

二 河南省的农业现代化发展背景

河南省是我国农业大省,河南省委、省政府始终坚持把解决农业、农村、农民问题作为全部工作的重中之重,始终坚持在推进工业化、城镇化过程中牢牢抓住农业、农村工作不放松,努力提高粮食综合生产能力,启动国家粮食生产核心区建设,深入调整农业结构,积极推进农业产业化进程,全面落实各项强农惠农政策,实现了全省农业和农村经济的持续健康发展。河南省农业发展大致经历四个阶段[①]:

(一)农业生产恢复发展阶段(1950—1957年)

1950—1952年,党和政府领导农民进行了土地改革,彻底废除了封

---

① 《河南六十年:1949—2009》。

建土地所有制，河南农民在政治上和经济上翻了身，焕发出极大的生产热情，濒临崩溃的农业生产和满目疮痍的农村经济得到恢复发展。随着我国第一个五年计划的实施，河南从 1953 年开始对个体农业进行社会主义改造，通过建立互助组、初级社、高级社等农业合作化形式，至 1956 年基本完成农业社会主义改造，实现了农业生产关系由私有制为基础向公有制为基础的过渡。农业互助合作组织解决了个体农业生产中不能解决的问题，加上各级党委、政府重视农业、支持农业，全省农业生产条件得到很大改善，农业生产迈上了一个新台阶。1957 年，河南农业总产值达到31.57 亿元，比 1949 年增长 96.6%；粮食总产量达到 1180 万吨，比 1950年增长 40.1%；棉花总产量达到 17.66 万吨，比 1949 年增长 1.8 倍。

（二）农业生产徘徊发展阶段（1958—1978 年）

1958 年开始的"大跃进"和人民公社化运动，严重忽视客观经济规律、盲目夸大主观意识作用，高指标、瞎指挥、浮夸风和"共产风"严重泛滥。农民的生产资料无偿归公社所有，计划、生产、劳动、核算、分配由公社高度集中统一，取消家庭副业，关闭农贸市场。这种"一大二公"的社会制度，超越现实生产力水平严重挫伤了农民生产积极性，使河南农业生产遭受严重破坏。

1960 年，河南积极贯彻落实党中央"调整、巩固、充实、提高"八字方针，实行以生产队为基本核算单位的体制，恢复自留地、家庭副业和农贸市场，生产队对社员实行田间管理联产计酬的生产责任制，农业生产得到恢复和发展。"文化大革命"时期，各项行之有效的政策措施被放弃，农业生产不计成本和效益，付出了高投入、低产出的经济代价，农村经济在徘徊、波动中缓慢发展。1958—1978 年的 20 年，河南省农业总产值年均增长 2.5%，粮食总产量年均增长 2.6%，均低于 1949—1957 年的水平。

（三）农村改革率先发起和农村经济飞速发展阶段（1979—1999 年）

党的十一届三中全会在总结正反两方面历史经验基础上，提出加快农业发展、推行家庭联产承包责任制和统分结合的双层经营体制，农村生产关系得到调整，河南农业生产和农村经济迎来了全新发展阶段。

1982—1986 年，党中央连续五年发出关于农村工作的"中央一号文件"，分别从肯定联产承包责任制性质、改革人民公社体制、突出农村商品生产、取消农副产品统购统派制度、强调农业在国民经济中的基础地位等诸多方面，调动农民积极性，保护农民利益，解放和发展农村生产力。党的十四大确立了社会主义市场经济体制，并于 20 世纪 90 年代初全面放开了粮食购销价格，改农业指令性计划为指导性种植计划，更为农业和农村经济发展注入新的强大动力，农业生产开始由数量型向质量效益型转变。1979—1999 年成为新中国成立以来，河南省农业生产增长最快的时期之一。1999 年，河南农业总产值 1906.75 亿元，比 1978 年增长 3.2 倍，年均增长 7%；粮食总产量 4253.25 万吨，比 1978 年增长 1 倍；棉花总产量 70.73 万吨，增长 2.2 倍；油料总产量 349.25 万吨，增长 13.5 倍；肉类总产量 485.11 万吨，增长 9.6 倍。

（四）农村改革全面深化和农村经济科学发展阶段（2000—2005 年）

进入新世纪以来，党中央把"三农"工作由"基础地位"再度提升到"重中之重"。2002 年，河南全面推行农村税费改革，2005 年起全省免征农业税，延续 2000 多年的"皇粮国税"在河南宣告终结。2004 年至今，党中央连续多年发出关于加强"三农"工作的"中央一号文件"，坚持"多予、少取、放活"方针，解决农民增收问题；坚持城乡统筹发展方略，稳定、改善、强化各项支农政策；以建设社会主义新农村为总体目标，统揽农村各项工作全局；积极发展现代农业，加快发展农村社会事业；加快构建农业基础建设长效机制；大幅度增加农业补贴，促进农业稳定发展，农民持续增收。随着党的"三农"政策体系不断完善，河南各地牢固树立科学发展观，按照统筹城乡经济社会发展和构建社会主义和谐社会的要求，全省农村经济呈现全面、稳定、持续、协调发展的崭新局面。

（五）"十一五"时期农业和农村经济发展成效显著

农业综合生产能力稳步提高。粮食生产能力跨上新台阶，2010 年，全省粮食产量达到 543.7 亿公斤，连续五年稳定在 500 亿公斤以上，连续七年创历史新高，连续 11 年居全国首位。畜牧业快速发展，2010 年，河南省肉类总产量为 638.38 万吨，禽蛋类为 388.6 万吨，奶产量达到 290.9 万吨，在这些方面的产量，我省均居全国前列。油料、蔬菜、水果、水产品的总产量也分别达到 540.72 万吨、6624.26 万吨、767.33 万吨、99.4 万吨，分别比 2005 年增长 20.3%、18.7%、38.1% 和 92.3%。全省农机总动力达到 10195.88 万千瓦，比 2005 年增长 28.5%，农业机械化水平明显提高。

农业内部结构进一步优化。2010 年，河南省优质粮食种植比例明显提高，种植面积占粮食总种植面积的 70% 以上，其中小麦、玉米、水稻的优质化率依次达到 71%、82% 和 94%，分别比 2005 年增长 9.6 个、14.6 个和 18.2 个百分点。畜牧业也发展迅速，例如：生猪、肉鸡、蛋鸡规模养殖比重分别为 69%、97%、75%。特色农业主导产业进一步壮大，优势特色农作物加快向适宜地区集中，蔬菜种植面积达到 2556.1 万亩，比 2005 年增加 162.3 万亩，其中设施蔬菜种植面积 590 万亩。果园、茶园、花卉、中药材种植面积分别达到 682.9 万亩、97.7 万亩、125.9 万亩和 182.8 万亩，分别比 2005 年增长 9.3%、96.9%、14.5% 和 35.4%。

农业产业化水平全面提升。农产品加工龙头企业发展迅速，2010 年年底，全省各级龙头企业达到 6248 家，其中国家级龙头企业 39 家、省级龙头企业 562 家，年销售收入超 1 亿元的企业 594 家、超 30 亿元的企业 10 家、超 100 亿元的企业 3 家，12 家企业在国内外上市。当前，农民组织化程度逐步提高，全省在工商部门注册的各种农民专业化合作组织已经达到 2.3 万家，合作社统一组织销售的农产品总值 148.6 亿元，有效带动了农民增收。农产品加工水平和加工效益都显著提高，全省农产品加工企业达到 3.1 万家，面粉、肉类、乳品加工能力分别达到 355 多亿公斤、70 多亿公斤和 30 多亿公斤，火腿肠、味精、方便面、面粉、挂面、面制速冻食品等产量均跃居全国首位。

农业基础设施建设进一步加强。水利工程建设取得重大进展，南水北调中线工程河南段全线开工，燕山水库建成并发挥效益，河口村水库开工建设，出山店水库前期工程有望近期开工，沙颍河、涡河、小洪河治理基本完成，378 座大、中、小型病险水库除险加固工程预计全部完成，远超河南省"十一五"规划确定的 90 座建设目标。标准农田建设取得显著成效，完成中低产田改造 885 万亩，建成高产稳产田 207 万亩，实施了 38 座大型灌区续建配套和节水改造，农田有效灌溉面积达到 7550 万亩。林业建设取得长足进步，5 年内造林 2275 万亩，建成林业生态县 102 个，森林覆盖率达到 22.19%，比 2005 年增长 4.42 个百分点。

农业服务体系不断完善。农产品市场建设成效显著，河南省农产品批发市场发展到 281 个，交易总额 817 亿元。其中，年交易额超 10 亿元的市场 19 个、超 1 亿元的市场 146 个。农产品质量安全日益得到人们的普遍重视，检测水平和检测体系也都逐步完善，建成了 18 个省辖市和 122

个县（市、区）的农产品质量检测中心，在 198 个主要农产品批发市场和无公害农产品产地逐步建立了相应的官方检测机构。农业信息服务能力也逐步增强，形成了 18 个省辖市和 133 个农业县（市、区）的信息网站及 1686 个乡镇专门的农业信息专业服务。在农作物重大病虫害监测预警、防控能力方面的技术和水平也都明显提高，中、短期预报准确率分别达到 75% 和 90% 以上。

农村改革不断深化。顺利完成乡镇机构改革。积极推进林权制度和水利投融资体制改革，明晰集体林产权 5770 万亩，占总面积的 85%。农村改革发展综合试验区建设取得了初步成效，分别在信阳市和新乡市设立了河南省农村改革发展综合试验区和河南省统筹城乡发展试验区，在土地流转、金融创新、合作组织、社会保障、统筹城乡发展、新型农村社区建设等方面进行了积极探索。鹤壁、济源、舞钢等 7 个市的城乡一体化建设试点工作取得了阶段性成果。

农民生活水平稳步提高。农民收入大幅度稳定增长，2006—2010 年，农民人均收入由 3261.03 元增长至 5523.73 元，扣除价格因素，年均增长 10%，超过"十一五"期间确定的年均增长 6% 的预期目标。农民生活质量进一步提高，农村居民恩格尔系数由 2005 年的 45.4% 下降到 2010 年的 37.2%。农村社会服务和生活条件显著改善，在 21 个县（市、区）开展了新型社会养老保险试点工作，新型农村合作医疗参合率达到 94.2%，全面免除义务教育阶段学生学费，解决了 1736 万农村人口的饮水安全问题，发展农村户用沼气 244 万户，完成 426 万农村贫困人口脱贫任务。

三 河南省农民增收背景

新中国成立初期，全省农业生产发展，农民收入提高。1957 年河南农民人均纯收入 64.6 元，比 1949 年增加 24.9 元，平均每年增长 6.3%，年均增加 3.11 元。但接下来的"大跃进"和"文化大革命"，挫伤了农民的生产积极性，农民收入水平出现徘徊，到 1978 年，农民人均纯收入只有 104.7 元，21 年间，平均每年仅增长 2.3%，年均增加 1.9 元。

党的十一届三中全会以后，农村经济进入一个全新发展时期。以家庭联产承包责任制为中心的农村经济体制改革，使农民家庭经营自主权扩大，生产积极性空前高涨，农产品产量大幅度增加。随着社会主义市场经济体制的确立，流通体制改革、市场体系的发育和各项支持、保护农业政策措施的实行，为农民收入的快速增长提供了前所未有的历史机遇和条件。1978—2013 年，河南省农民人均纯收入由 104.71 元提高到 8475 元，提高了近 80 倍。尤其是在国家取消农业税并加大农业补贴力度以后，我省农业生产实现连续增产十年，农闲时间外出务工人数也是持续增加，全省农村居民人均纯收入连续多年保持两位数增长，农业发展势头一片大好。

在农民收入水平不断提高的过程中，农村居民收入来源也日趋多元化，收入结构逐渐改善。1978 年以前，河南省农村居民主要依靠集体分配的实物和农业生产，农民家庭经营生产受到限制，家庭经营收入所占比重很小，乡镇企业受各种条件限制，生产水平很低，导致农民收入水平低、结构单一。改革开放后，在一系列富民政策支持下，农民家庭经营领域拓宽，乡镇企业异军突起，为农民开辟了新的致富门路。农村产业结构开始由单一农业生产结构向多层次综合发展的农村产业结构转变，农民收入中来自非农产业收入迅速增长，非农业收入对农民收入增长的贡献不断扩大。由于农村耕地的相对稳定，农业生产技术没有大的突破，农民家庭经营纯收入增长速度受到制约，农业收入依然是河南省农村家庭经营纯收入的主要来源，占 65% 左右；其次是牧业，近年来的比重有所下降，占 10% 左右；再次是批发、零售贸易及餐饮业收入所占的比重也在不断地增长，由最初的 4.02% 增长到 7.83%；工业收入和交通、运输、邮电业收入占总收入的 3%—4%。新中国成立以来，尤其是改革开放 30 多年来，随着农村社会化、商品化进程的逐步加快，改变了过去较长时期农村经济自给半自给状况及以农为主的单一生产结构，农民生产走出了传统的自给自足经济，步入商品经济发展的轨道，实物收入为主的状况逐步被货币收入的迅速提高所替代。农民货币收入的增长，标志着农民收入由改革开放前自给自足的实物性转向货币性，是农村商品经济和市场经济发展的结果；随着社会主义市场经济和城乡一体化进程的发展，农民货币收入将继续保持增长，并为城乡第二、第三产业发展提供广阔的市场支持。

纵观农民增收发展过程，河南农民物质生活更加宽裕，精神生活趋向充实和健康，消费结构更趋合理。但是，农民收入总体水平还比较低、区域经济发展的不平衡、城乡收入差距仍在拉大等仍是制约目前农村居民生活水平提高的主要因素。全省仍有一定数量的低收入农民生活徘徊在温饱区间，还有一部分贫困家庭温饱仍未解决。同时，农村消费环境仍较薄弱。要使全省农民普遍过上更加宽裕的小康生活，依然任重道远。

第二节 问题界定

"三农"问题一直是党中央和国务院关注的重点，农民增收与农业现代化则是重中之重。前者关系社会主义新农村的建设，后者关系农业发展水平。河南省是我国农业大省，农业人口和农产品产量在全国占有举足轻重的地位。由于在农业现代化进程中存在这样或那样的问题，再加上受国际性金融危机等一系列不利因素影响，使农民增收形势愈加严峻，城乡收入差距进一步扩大，不仅影响农业现代化的开展，同时也影响农业的基础性地位和农业综合生产能力。因此，研究河南省农业现代化背景下农民增收问题，对于巩固农业基础地位、推进具有中国特色的农业现代化道路、增强农业综合生产能力、确保国家粮食安全都具有重要意义。

一 面临机遇与挑战

随着河南省农业和农村经济发展面临着国际国内经济形势的深刻变化，河南省的经济发展也逐步呈现新的阶段性特点。总的来说，我省处于由传统农业大省向现代农业强省转变的关键阶段，处于加快第一、第二、第三产业融合和统筹城乡发展的关键时期，既面临难得历史机遇，也面临诸多风险挑战。

（一）主要机遇和有利条件

（1）土地和水资源紧张与农产品需求持续增长的矛盾日益突出，农业的作用进一步发挥，功能进一步拓展，政府和企业对农业的重视程度不断提高。同时，随着我国财力的不断增强，对农业的投入力度将不断加大。

（2）全省综合经济实力明显增强，人均生产总值接近 3000 美元，以工促农、以城带乡的实力明显增强。

（3）沿海产业加速向内地转移，有利于促进农村劳动力向非农产业转移，提高农民就业水平和增收能力。消费结构加速升级，食品工业快速发展，为农业发展提供了广阔的需求空间。农业科技创新能力和农业机械化水平不断提高，为粮食增产和农业发展提供了坚强的科技支撑和装备支撑。

（4）河南省委、省政府做出了建设中原经济区的总体战略决策，要在国内率先走出一条不以牺牲农业和粮食、生态和环境为代价的"三化"协调科学发展路子。这是在全国区域经济竞争大格局中对河南省基本省情的清醒认识,是对中原地区比较优势的准确把握,也是对国家和民族长远根本利益的高度负责,表明河南省坚定不移建设现代农业大省的坚强决心。省委、省政府要求必须把农业和粮食作为首要任务,在进一步夯实农业基础的前提下加快工业化和城镇化进程,探索不同于东部地区的发展道路,为中西部地区提供示范,将中原经济区建设成中西部地区经济发展的重要支柱和引擎。

(二)面临的重大挑战和突出矛盾

(1)农业经营管理体制不适应生产发展的需要,农业经营主体缺位,规模化、标准化和组织化程度不高,农业从业人员素质较低,不能满足现代农业发展的要求。

(2)农业基础设施薄弱,当前全省仍有6490万亩中低产田需要改造,近3000万亩耕地不能得到有效灌溉,农田水利工程老化失修情况严重,农业减灾抗灾能力还需进一步增强。

(3)农产品质量安全水平亟须提高,农资销售和农畜生产投入品控制不严,工业污染逐步向农村扩散,造成农业面临污染日趋严重,对农产品质量安全和农村生态环境的威胁越来越大。

(4)农业外向度低,出口创汇型企业少,农产品生产与国际市场对接能力弱,与山东等东部省份出口额度差距拉大。

(5)农村整体面貌落后,社会事业发展滞后,公共服务体系还不健全,农村的水电路气等基本生活设施还不完善,农民人均收入仅相当于城镇居民可支配收入的1/3,比全国平均水平低346元,城乡差距大的现状尚未根本改变。

(6)农区内生发展能力不足,农业大县财力紧张,粮食生产核心区的95个县(市、区)人均财政支出水平仅为全省平均水平的50%左右,传统农区发展难度仍然较大。

(7)一些地方轻视农业的现象依然存在,农业科技支撑作用不突出,贡献率较低。

二 问题界定

本书基于河南省农业现代化背景的阐述,对河南省农民增收问题进行研究,问题界定如下:

第一,国内外的农业现代化和农民增收理论未能很好地解释河南省的农业现代化和农民增收问题。河南省是我国的农业大省,又是我国的粮食主产区，农业现代化和农民增收不同于其他地区，既要推进农业现代化发展，又要实现农民收入持续不断的增加，它不仅关系到社会经济的发展、人民生活水平的提高，同时也关系到社会稳定和国家粮食安全。

第二，近年来，河南省农业现代化和农民增收取得了一定成绩，但是与其他地区相比，农业现代化发展和农民增收还存在一定的差距，不仅影响农业生产力的解放，农业科技的推广，同时也会影响农民收入的增加。如果农业现代化发展和农民增收发展持续缓慢增长，可能影响农业的基础地位和农村地区的稳定发展，因此，研究农业现代化与农民增收具有重要的价值。

第三，哪些是河南省的农业现代化发展和农民增收的"短板"？依据"短板"理论，在河南省农业现代化发展和农民增收生产要素中，哪些因素是"短板"？通过对这些因素的开发，将有效地提高"木桶"的蓄水量，从而进一步增加农民收入。

基于此，本书提出以研究河南省农业现代化发展和农民增收作为切入点，对河南省农业现代化发展和农民增收协同机制进行研究。

第三节　研究目的和意义

一　研究目的

本书以农业现代化和农民增收理论与实践研究为切入点，对河南省的农业现代化和农民增收问题进行研究，其目的在于：

第一，在区域经济发展视角下，从理论上对河南省农业现代化发展和农民增收协同机制进行深入分析，丰富河南省农业现代化发展和农民增收的问题的理论研究成果，从而提高农业发展实效，解决"三农"问题，对促进中原经济区建设、河南经济发展和"三化"协调发展具有重要作用。

第二，结合河南省农业现代化发展和农民增收的发展现状及其协调机理，剖析河南省农业现代化发展和农民增收的深层障碍性因素，实现传统农业向现代农业的转变，促进农业持续快速发展，发挥农业现代化发展和农民增收协同机制的功能。

第三，从实际出发，以农业现代化发展和农民增收的研究为切入点，提出河南省农业现代化发展和农民增收协同发展的对策建议，进一步稳定河南省农业的基础性地位，促进河南省经济发展。随着中原经济区建设和农业现代化发展,河南省的粮食生产在全国举足轻重,农业基础地位尤为突出。我省农业生产基础薄弱,粮食生产压力较大,必须加强农业基础设施建设,改善农业生产条件,提高粮食综合生产能力,有效推动农业现代化的发展和农民增收。

二 研究意义

(一) 理论意义

第一,提供一个新的研究视角。在区域经济发展视角下,研究河南省农业现代化发展和农民增收关系产生的内在机理,探求河南省农业现代化发展和农民增收的影响因素,是河南省进行"三化"协调开发的前提条件。中原经济区建设要求在土地供需矛盾加剧、农业和粮食生产比较效益低下背景下,探索不以牺牲农业和粮食、生态和环境为代价,服务中原经济区建设的可行之路。河南省要实现农业现代化,实现工农齐步走、"三化"协调发展,既要及时总结在农业现代化发展、农民增收、稳定粮食生产过程中取得的经验,又要积极推进新型农业现代化,稳定粮食生产,实现农副产品的精深加工,拉长产业链,提高附加值,确保农业增效、农民增收。

第二,拓宽农业现代化发展和农民增收研究的领域。本书主要以河南省农业现代化发展和农民增收为切入点,从农业现代化发展和农民增收的形成机理、相互关系出发,探寻河南省农业现代化发展和农民增收的演进趋势,拓宽农业现代化发展和农民增收的研究领域。同时,也对实现河南省"三化"协调发展,进一步强化新型农业现代化的基础作用,保证粮食生产,提高农业发展实效,促进农民增收,不断提升农业的集约化、标准化、组织化、产业化水平,为探索不以牺牲农业和粮食、生态和环境为代价的"三化"协调发展路子提供了理论支撑。

第三,充实关于后发地区优势理论研究的内容。本书以分析河南省农业现代化发展和农民增收的特点、形成机理及演进趋势为基础,构筑后发地区优势理论的分析框架,不仅为农业现代化发展和农民增收提供了理论依据和政策建议,而且也为可持续发展理论增添了新的内容。河南省作为中部地区的典型代表,无论是在技术研究与开发环节还是生产环节、市场环节与东部地区都存在极大的差距,因此,要通过将先发经济体已被应用于生产的新技术、科研新成果引用于后发经济体的生产领域,形成复制效应,从而迅速促进本地区技术进步,大大缩短因研究与开发先进技术所花费的时间,并节约相应资源的投入。同时,还可以缩短甚至跨越式缩短与先发地区的技术差距,以在更高点上发动和推进工业化,顺利实现农业现代化和农民增收目标。

(二) 实践意义

第一,推动农业现代化发展和农民增收是解决"三农"问题的关键。农业是国民经济和社会发展的基础,农民是这个"基础"的主体,农村是这个"主体"的生存环境,因此,农业、农民、农村问题是一个国家发展的根本。党中央也一再关注"三农"问题,党的十八届三中全会作出的《中共中央关于全面深化改革若干重大问题的决定》(以下简称《决定》),阐述了中国全面深化改革的重大意义,总结了中国改革开放 35 年来的历史性成就和宝贵经验,提出了到 2020 年全面深化改革的指导思想、总体思路、主要任务、重大举措。这份文件集中了中共全党和各方面的智慧,成为新形势下全面深化改革的纲领性文件。《决定》以赋予农民更多权利,明确提出"三个赋予"、"七个允许"、"四个鼓励"、"五个保障"、"六个推进"、"三个建立"、"六个完善健全"、"四个制度改革"、"五个城乡统筹"的农村改革任务和举措。可见,要解决"三农"问题,必须增加农民收入,实现农业现代化发展。

第二,促进农业现代化发展和农民增收是构建和谐社会的坚实基础。提高农业现代化发展和农民收入水平,关系到当前社会环境的和谐稳定。努力促进农业现代化发展和实现农民增收和农业增产,使大多农民步入中等收入水平,缩小城乡贫富差距,加强农村基础设施建设,想方设法丰富农民物质文化生活。全面推进农业现代化发展和农民收入的增加,巩固农业基础地位,使农村与农业的发展既要增强农村与农业生态经济系统的经济功能,加强农业的经济基础地位,又要增强农村与农业生态经济系统的生态功能,巩固农业的生态基础地位,这样才能加快推进农业现代化建设,提高农民收入,实现构建和谐社会的目标。

第三,农业现代化发展和农民增收是后危机时代的经济发展动力。供给与需求是市场经济的基本概念和基本矛盾。我国生产供给能力不断扩大,需求却相对不足,对我国经济良性循环和高速发展构成威胁,河南省也不例外。要通过工业化和城市化,使城镇非农部门吸纳农村富余劳动力,实现农业人口向非农产业永久性转移,通过信息化带动农村工业化和农业现代化,用信息化支撑农村与农业高新技术产业,促进农村与农业结构调整和优化升级,优化农村工业化和农业产业化,大力发展绿色农业,走出一条生态与经济协调发展的新型农业现代化道路。只有增加农民收入才能形成有效需求，拉动整个河南省经济发展。增加农民收入，扩展农村市场，成为后危机时代刺激经济发展的关键。

第四，促进农民增收关系到城乡的良性互动。在新的发展阶段，突破制约农民增收的体制性矛盾和结构性矛盾，统筹城乡发展，是建设现代农业，发展农村经济，促进农民增收，实现农村小康目标和经济社会全面、协调、可持续发展的关键。党的十八大报告指出，要坚持走中国特色新型工业化、信息化、城镇化、农业现代化道路，推动城镇化和农业现代化相互协调，促进工业化、信息化、城镇化、农业现代化同步发展。由此可见，增加农民收入不只是一个经济问题，还是一个促进农业现代化进程和维护社会稳定的问题。

第四节　研究思路、框架和方法

一　研究思路

依据研究背景得出本课题研究的基本思路，如图1-1所示：选题背景→问题的提出→文献梳理→理论借鉴→河南省农业现代化与农民增收的现状→河南省农业现代化背景下农民增收问题→河南省农业现代化背景下农民增收的模型分析→河南省农业现代化背景下农民增收的总体思路→河南省农业现代化背景下农民增收的对策建议。

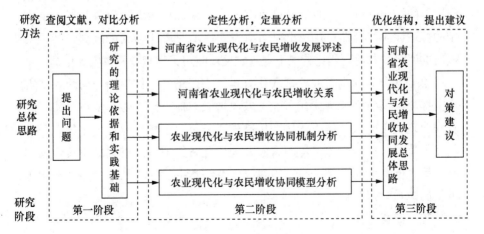

图1-1　本书研究思路

二 研究框架

第一部分为引言,包括本书的背景和意义、研究主要对象和主要方法、课题基本思路与框架、国内外研究趋势、课题重点、难点和创新点等。

第二部分为理论基础与研究假设。主要介绍目前国内外有关农业现代化、农民增收的相关理论研究现状及主要观点,并进行了简要的评述,同时分析农业现代化与农民增收的关系,并依据于此提出本书的研究假设,为下文研究提供理论基础。

第三部分为河南省农业现代化与农民增收的关系。主要分析农民收入与农业现代化的理论关系,目的是为研究农民收入与农业现代化关系问题构造出理论分析体系并为实证研究打下理论基础,同时为本书促进农民增收提出的对策和建议提供经济学理论依据。阐述河南省农业现代化与农民增收之间的作用机制,并提出河南省农业现代化与农民增收之间存在的问题,进一步指出农业现代化背景下农民增收发展的特点。

第四部分为河南省农业现代化与农民增收的模型分析

为了分析河南省农业现代化背景下影响农民增收主要因素,结合河南省农业现代化发展的情况,以河南省农业从 1978 年以来的经济发展数据为基础,利用分析统计软件,建立河南省农民增收的经济增长的实证分析模型,以分析农、林、牧、渔业产量、农业生产资料价格指数、农业科技化、农业机械化、农业信息化、农业人力资本化、农业水利化和全要素生产率对河南省农民收入的贡献,进行正反两方面的质与量、实证与规范、定性与定量的综合分析。目的是探求河南省农业现代化与农民增收关系计量模型的普适性或差异性,并找出对河南省农民增收影响最大的因素,为本书提出的河南省农业现代化背景下促进农民增收对策和建议提供实证依据。

第五部分为河南省农业现代化背景下农民增收总体思路与对策。从宏观上提出河南省农业现代化背景下农民增收总体思路,对后危机时代河南省农业现代化与农民增收的协调机制进行分析,探索农业现代化与农民增收发展模式,进一步提出河南省农业现代化背景下农民增收的对策建议。

第六部分为研究结论与政策建议。总结本书的研究结论,并提出切实可行的政策建议。

三 研究方法

本书主要运用从抽象到具体、规范分析与实证分析相结合、定性分析与定量分析相结合等经济学研究方法，结合经济学理论、农业现代化和农民增收等方面理论，对河南省农业现代化与农民增收问题进行研究，并对河南省农民增收相关因素进行理论分析和实证研究，提出相应的建议措施。

第一，对比分析的研究方法，既有横向比较也有纵向比较。在研究河南省农民增收现状时，采用横向对比分析的方法，将河南省农业现代化与农民增收的各个方面做了相应比较，在对模型结果进行分析时采用纵向比较研究方法。同时，在研究过程中，将河南省农业现代化与农民增收放在历史演变过程研究，对国内外学术界研究现状进行梳理和分析，结合河南省农业现代化和农民增收的特点，提出新的路径选择。

第二，定量分析与定性分析相结合。采用定性分析的方法对农业现代化与农民增收的相关概念、内涵、相关理论进行了有选择的重点研究。在对河南省农业现代化与农民增收的关系进行研究时，采用了定量分析的方法，通过对1978—2013年相关统计数据的收集和河南省农业现代化中各投入要素的计算，建立起了河南省农民增收的模型，并对农业现代化中各要素的贡献率进行了定量估算。

第三，规范分析与实证分析相结合的研究方法。本书通过对所需农业现代化、农民增收方面的相关理论进行有针对性的规范研究，并对河南省农业现代化现状、农民收入情况，以及河南省城乡收入差距与农民增收问题进行系统化实证研究。

第四，多学科交叉分析的研究方法。通过运用农业经济学、区域经济学、计量经济学、系统科学等学科的基础理论对河南省农业现代与农民增收问题进行了系统化的多学科交叉分析，在综合分析基础上，依据相关学科理论基础尝试建立了河南省农业现代化与农民增收的协同发展模型，进而分析解决问题。

第五节　主要创新和不足

一　主要创新

第一，提供了一个新的研究视角。在农业现代化视角下研究农民增收问题所产生的内在机理，分析农业现代化发展与农民增收的协同机制，是研究河南省农民增收的前提条件。

第二，拓宽了农民增收和农业现代化研究的领域。本书主要以农业现代化为切入点，从农民增收作用机理出发，探寻河南省农民增收的发展模式和路径，拓宽了农民增收和农业现代化的研究领域。

二　预计突破的难题

第一，农民增收与农业现代化发展的动力机制。农民增收与农业现代化的发展势必要求在技术、制度、模式以及路径等方面进行重新安排，本书在探讨如何充分发挥新型农业现代化的内生能动性、建立新型农业现代化的机制方面，以期有所突破。

第二，农民增收与农业现代化针对性分析。由于河南省在地域，资源禀赋条件和经营模式、技术水平、组织管理制度等方面均存在较大差异，会影响农民增收与农业现代化发展水平的指标体系的设计。同时由于区域内农业发展水平参差不齐，给农业现代化实现的有利条件和制约因素及潜力的针对性分析带来困难，本书对农民增收与农业现代化进行针对性分析，以期有所突破。

第三，农民增收与农业现代化模式设计。农民增收与农业现代化的依据方面，特别是在主观因素方面有许多难以界定的人为因素，以及农业现代化模式设计方面难度较大，尤其是对于综合利用国内外的各种资源，建立以农民增收为核心农业现代化模式的探讨，以期有所突破。

三　不足之处

本书可能的不足之处在于：

第一，对于注重地区发展的内生性，即内部力量的整合和资源的合理开发利用分析有限，对于将农业现代化发展与农民增收问题提高到国家战略安全高度，未能分析全面。

第二，农业现代化涉及的农业机械化、市场化、农村城镇化、农村社会资本积累、公共产品供给、国家宏观土地政策以及农村分配制度七个方面，涉及面广，数据繁多，而在数据收集过程中可能会出现误差。

第二章　相关理论分析和研究假设

本章在对河南省农业现代化与农民增收问题的相关理论进行有针对性的规范研究基础上，结合背景资料对研究范围与相关概念进行了具体界定，并提出本书的研究假设，为全书研究的开展进行铺垫。

第一节　相关理论分析

一　农业现代化

（一）农业现代化的含义

农业现代化是指在农业发展到一定时期以后，从传统农业向现代农业逐步转化的过程或是手段。也可以说是随着科学技术的不断发展，逐步用现代经营理念经营农业，用现代科技装备农业，用现代管理方式管理农业。具体来说，农业现代化主要包括三个方面：

（1）生产技术现代化。包括用现代化科学技术进行育种，配合饲料，制造化肥、农药等和运用现代科学技术装备各个农业生产部门。

（2）生产工具机械化。由人力、畜力操作的农具过渡到应用各种农业机械，饲养、栽培等生产实现工厂化。

（3）生产方式现代化。包括农业生产的区域化，专业化，产、供、销密切联系的社会化及采用科学的管理方法，等等。农业现代化是农业生产力发展的必然趋势，是农业摆脱落后面貌的根本出路。在中国，无产阶级夺取政权后，在农业方面面临这样一种局面：一方面是落后的生产力，另一方面是分散的个体经济。毛泽东对这个问题的态度是：在农业方面，在我国的条件下（在资本主义国家内是使农业资本主义化），则必须先有合作化，然后才能使用大机器。

（二）农业现代化的特点

1980 年 12 月，邓小平说过："我国农业现代化，不能照抄西方国家或苏联一类国家的办法，要走出一条在社会主义制度下合乎中国情况的道路。"① 结合我国农业发展的实际状况，对农业现代化内涵及特点的认识，应从以下方面进行分析：

1. 农业现代化的动态性

农业现代化是一个过程，也是一个相对性的概念，其内涵随着社会文化经济的不断发展而不断演进和变化。这就说明农业现代化的概念不是一成不变的，它是个不断发展变化的过程，也就是说在不同时期，农业现代化有着不同的内涵。根据发达国家在农业现代化方面的研究，一般可以将农业现代化分为五个不同的阶段，即准备阶段、起步阶段、初步实现阶段、基本阶段和发达阶段。任何一个地区要想推进农业现代化进程，就必须要认真分析当地的区域经济发展情况，农业、农村的具体情况，也只有这样，才能做出科学合理的正确决策。

2. 农业现代化的区域性

由于农业现代化需要针对各地区具体的地理历史自然条件，具体分析，因而我们在借鉴西方发达国家的同时，一定要具体条件具体分析，具体结合本国家、本地区的农业生态环境、自然环境、科学技术环境、资金条件等，在能套用别国经验的时候套用，能借鉴别国先进方法的时候借鉴，能引用别国先进理念的时候引进。

3. 农业现代化的整体性

农业现代化的整体性，是指农业现代化这一进程，同时涵盖了一个地区的农业生产条件、农业技术条件、农业生产技术、农业经营思想、经营理念等，此外，还应该包括农业资源条件、农业生态系统、农产品加工与销售等。从本质上说，农业现代化就是从根本上改造传统农业，缩小与发达国家之间的差距，在总体和平均水平上大体接近发达国家的农业水平。

（三）农业现代化的相关理论

1. 改造传统农业理论

改造传统农业理论是由美国经济学舒尔茨（Theodore W. Schultz）提出的。1964 年，舒尔茨在《改造传统农业》一书中，对于传统农业做出

---

① 《邓小平文选》第二卷，人民出版社 1994 年版，第 362 页。

了新的阐释，他驳斥了两种长期流行的观点：一种是认为传统农业的生产要素配置效率低下，另一种就是有名的隐蔽失业论。他指出传统农业是一个经济概念，是指完全以农民世代使用的各种要素为基础的农业。这种农业由于其自身的局限性，导致不能在经济发展中发挥应有的作用，因而应将其发展转换成现代农业。他从理论上阐明了农业、农村、农民在经济发展中的重要作用，对传统农业的性质提出了新的见解，认为发展中国家的经济成长，有赖于农业的迅速稳定的增长，而传统农业不具备迅速稳定增长的能力，因而发展中国家经济的进一步成长的出路就在于把传统农业改造为现代农业，这个过程就是农业现代化。

除此之外，他还首次研究分析了对教育方面的投资，有助于提高劳动生产率，推动传统农业向现代化农业转变。认为制度是从传统农业实现现代农业的重要保证，应该科学运用以经济刺激为基础的市场方式，通过农产品和生产要素的价格变动来刺激农民行为，使农民自觉自愿地接受新型的生产要素。他重点强调适度规模，反对大规模农业。

2. 诱导的创新理论

诱导的创新理论最初来自厂商理论，主要学者代表有约翰·希克斯、汉斯·宾斯旺格、速水佑次郎和弗农·拉坦。诱导的创新理论指出，农业发展面临的制约可以尝试通过技术的进步来解决，无弹性的土地供给带来的农业发展制约可以通过生物技术的进步加以消除。无弹性的劳动力供给农业发展带来的制约可以通过机械技术进步加以解决。因而农业生产效率和产出的增长能力，在很大程度上取决于能否正确选择有效途径来消除农业发展的各种资源禀赋制约。

诱导的创新理论把技术变革过程看作是经济制度的内生变量，把技术变革看作是对资源禀赋变化和需求增长的一种动态反映，主要包括私营部门、公共部门和制度创新。私营部门的诱导创新主要是指把资金用于发展一种促进较便宜要素替代日益较昂贵要素的技术，从而促使创新被吸引到节约这种相对昂贵的要素中。公共部门的诱导创新主要是指市场价格信号是引导技术变革，通过价格诱导去寻求节约生产要素的技术方法，并促进公共部门开发新技术，从而达到减少单位成本的要求。制度创新是通过克服产生于要素禀赋、产品需求和技术变革的不均衡而预期潜在的利益得以实现，是对制度变革的一个强有力的诱导。此外，包括宗教和意识形态的禀赋对制度创新的供给也具有强烈的影响。

3. 肥力保持理论

速水佑次郎和弗农·拉坦在《农业发展的国际分析》一书中提出肥力保持理论，肥力保持理论来源于与英国农业革命相联系的动植物管理方法的进步和早期德国土壤学家提出的土壤肥力枯竭概念，通过集约式引入和使用饲草和绿肥作物，增加和扩大畜肥的使用范围，从而达到增加土壤肥力的目的，并与农场合并、土地开发同时进行，因而促进了农业总产出和单位面积产量的显著增加。同时，该方法还引起了奥尔布雷克特·撒厄等人的极大关注，他们在对土壤和植物营养性质和原理进行研究过程中，提出了土壤肥力枯竭学说，认为土壤肥力枯竭的危害极大，以致任何一种农业体系都必须恢复被植物所吸收的土壤成分。因此，好的耕作方法，应当以一个特定的水平，通常是对特定土壤的自然水平来维持土壤的有机含量。19 世纪 20—50 年代，贾斯特斯·冯·李比希等人进一步发展了土壤肥力枯竭学说，不仅证明了土地矿物质与植物生长之间的关系，而且验证了英国古典经济学家关于农业生产的资本和报酬递减的假设。20 世纪 20 年代中期，在经济史学家和土地与资源经济学家倡导下，肥力保持理论形成一种潮流，并成为指导农业生产的一个重要理论。

虽然在肥力保持理论的发展过程中，也曾受到一些批判，但是，它却始终作为一种农业发展的思路被认可，并在世界农业发展中发挥着重要的作用。可以说，目前的可持续理论和循环经济理论，都与肥力保持理论有着一脉相承的联系。

4. 资源开发理论

资源开发理论认为，开发自然资源是农业和经济发展的主要源泉，耕地和牧场是增加农业生产的主要途径，并以公元 10 世纪以前，欧洲北部和中国长江以南土地开垦，以及 18—19 世纪欧洲殖民者对北美、南美、澳大利亚的拓殖为例证，阐明了土地等资源的开发对农业及经济发展的促进和影响。事实上，早期的农业生产受到生产力水平的限制，其再生产主要依靠外延式的方法，也就是依靠耕地面积的扩大来实现增收的目标，这一点无论是在西方还是在东方都是相同的。然而，农业毕竟是受自然资源禀赋制约最为严重的产业，而自然资源终究是有限的，因此，随着农业开发的扩大和自然资源的减少，那种单纯依靠自然资源开发而实现农业乃至经济增长的做法已经普遍被世界各国所摒弃。

为此，速水佑次郎和弗农·拉坦认为，以资源开发模型为基础的农业增长，在长期内是不可持续的。而要实现农业的持续增长，就必须从单纯的资源开发模式中解脱出来，注重资源保持型或增进型技术的开发，用化肥等现代工业投入品替代自然土壤肥力，并着力开发新的作物品种。

二　农民、农民收入与农民增收

（一）农民

"农民"一词在理论上和实践中都是常用语，但多年来关于它的具体定义和含义在学术上一直存在争议，其内涵和外延范围的认定成为争议焦点。

1. 国际上对"农民"概念的界定

国外研究"三农"问题的相关专家学者还没有给"农民"下一个完整规范的定义，但国际学术界认为，通常情况下讨论"农民"概念有如下几个必备要素涵盖其中：休养生息地、对土地的依赖程度、经济行为能力和政治地位。

发达国家农民和第三世界的发展中国家的农民在生产生活方式和社会经济地位上是不同的，如英国、美国和西欧等国农民是企业家或农场主，在经济上具有完全独立的职业属性，他们从事农业生产的经营活动与其他经济主体参与市场经济的行为一样，以参与市场交换和追求商业利益为目的，具有公司化和企业化倾向，只是在生产特点上与其他产业有较明显的区别，这样来定义"农民"具有相对性。而在一些传统的第三世界国家中，绝大多数农民（Peasant）在劳作方式上仍然保持着传统的小农经济特点，科技含量低、生产规模小、市场农业不健全、没有摆脱自给自足的农业体制等，随着经济一体化的迅速发展，这些国家的农民正逐渐从以传统自然小农经济为特征的农民向以现代化市场经济为特征的农民转型。

2. 国内学术界对"农民"概念的界定

目前，国内理论界还没有给"农民"下一个完整的定义，没有明确给出"农民"所涵盖的具体范围。

韩纪江、孔祥智（2005）[①]认为，在对"农民"范围的确认上不能以他是否从事农业生产为依据，而主要是看其是否具有农业户口。持这种理论的相关研究者把农户分成三类：纯农户、兼业农户和非农户。相关研究

---

① 韩纪江、孔祥智：《不同类型的失地农民及其征地补偿分析》，《经济问题探索》2005年第6期。

者认为，农业生产经营收入能占到全年农民收入总量的95%以上的，就叫作"纯农户"。而农业生产经营收入在农民全年的总收入中所占比例相当小，低于5%的，这部分农民被称为"非农户"。而介于纯农户和非农户之间的，则被称为兼业农户。

有的学者依据我国农民固有的一般特点来确认其农民身份，他们总结农民的特点包括长期生活在农村、具有农村户籍和从事农业生产经营活动。持相关理论的学者尤其把从事农业生产经营活动作为确认"农民"身份的基本要素，他们认为，长期在农村生活和具有农村户籍，但主要工作不是以从事农业生产经营活动为主体的，不能认为是"农民"。

也有学者指出，农民应该是"农业居民"而不是"农村居民"。从农村进入城市从事多年的务工人员，虽然他主要从事工业生产和其他商业或者服务业等第二、第三产业，但其收入的大部分依然转移到农村进行消费，这部分人员仍然在"农民"的范畴之列。

目前，关于"农民"概念的界定在学术界仍然存在较大分歧，"农民"的内涵和外延是一个比较复杂的问题，伴随着中国城乡一体化进程的加快，许多农民的社会身份属性也不断地演变。

为研究方便，对农民的概念，本书采取国家统计局确定的概念：主要指全年经常在家或在家居住6个月以上，而且经济生活和本户连成一体的人口。在外劳动的合同工、临时工和其他副业工，在外劳动虽然超过6个月，但其收入主要带回家，仍要计算在内，本书所指的农民和农村居民是同一概念。

（二）农民收入

农民收入是指农民从事生产经营或提供劳务所获得的收入总和。这种收入既包括从事农业生产经营所得的产品或者货币收入，也包括从事非农产业活动获得的收入，还包括转移性收入和财产性收入。

农民总收入是指农村住户和住户成员从各种来源渠道得到的收入总和（包括现金收入和非现金收入）。按收入性质划分为工资性收入、家庭经营收入、财产性收入和转移性收入。

农民纯收入是指农村住户当年从各个来源得到的总收入相应地扣除所发生的费用后的收入总和。它反映的是农村居民家庭实际收入水平的综合性的主要指标。纯收入主要用于再生产投入和当年生活消费支出，也可用于储蓄和各种非义务性支出。计算方法：

纯收入＝总收入－税费支出－家庭经营费用支出－生产性固定资产折旧－赠送农村内部亲友支出

纯收入主要用于再生产投入和当年生活消费支出，也可用于储蓄和各种非义务性支出。"农民人均纯收入"是按人口平均的纯收入水平，反映一个地区或一个农户农村居民的平均收入水平。

按收入性质划分为工资性收入、家庭经营收入、财产性收入和转移性收入。

工资性收入主要指农村住户成员受雇于单位或个人，靠出卖劳动而获得的收入。家庭经营收入主要指农村住户以家庭为生产经营单位进行生产筹划和管理而获得的收入。农村住户家庭经营活动按行业划分为农业、林业、牧业、渔业、工业、建筑业、交通运输业邮电业、批发和零售贸易餐饮业、社会服务业、文教卫生业和其他家庭经营。财产性收入主要指金融资产或有形非生产性资产的所有者向其他机构单位提供资金或将有形非生产性资产供其支配，作为回报而从中获得的收入。转移性收入主要指农村住户和住户成员无须付出任何对应物而获得的货物、服务、资金或资产所有权等，不包括无偿提供的用于固定资本形成的资金。一般情况下，是指农村住户在二次分配中的所有收入。

按收入是否为现金分为积金收入和非现金收入。

现金收入主要指农村住户和住户成员在调查期内得到以现金形态表现的收入。按来源分成工资性收入、家庭经营现金收入、财产性收入、转移性收入。非现金收入主要指农民家庭自产自用的实物性收入。

（三）农民增收的相关理论

目前，政府非常重视农民增收问题，经济学者们通过对其长期深入的研究，形成了不少有价值的农民增收理论。

1. 政府职能增收论

政府职能增收论是从政府宏观调控角度出发，该理论研究认为，在我国农村经济建设过程中存在政府职能缺失、市场信息不对称等因素使农民在市场竞争中处于劣势，因此，必须不断完善政府职能，促进农民增收。

2. 人力资本增收论

劳动力资源是国民财富的最终基础，对人本身的投资是最有价值的。在经济活动中，智力投资所创造的经济效益最为显著，并且比对物资的投资能获得更高的收益率，承担的风险也较小，但投资的回收期较长。基于农业就业收入比非农产业就业收入普遍较低，许多有知识有技能的农业劳动力转移到非农产业领域，因此不能影响其他从事农业生产的劳动者，使其整体素质较低，阻碍了农业技术进步。

现阶段，在我国农村人力资本积累过程中，教育和培训是促进农村人力资本发展的重要武器。农村人力资本对农民收入水平的提高起决定性影响。农村人力资本存量大，农村劳动生产率就高，农民收入水平也高。

3. 产业化增收论

产业化增收论认为，应当转换我国农村原有的落后的生产经营模式，通过各种不同的组织方式，形成以市场为导向，以区域优势产业或主导产业为依托，实行产供销、农工商结合，把农民、龙头企业和市场结合起来，形成经济利益共同体，让农民从生产销售一条龙生产经营模式中获得最大利润，促进收入不断增加。

4. 科技增收论

科技增收论是从"科学技术是第一生产力"的角度出发，认为促进农民增收的关键因素是科技，而当前我国农业科学技术相对落后，严重影响了我国农民收入的增加，通过开展科教兴农活动，以科技促增收是"科技增收论"的核心内容。

5. 教育增收论

教育增收论是从人力资本的角度出发，认为"人"是最关键的因素，人力资本在农民增收中的作用至关重要，而教育是促进人力资本发展的重要手段，因此通过加强农村基础教育、职业教育，加大对人力资本的投入是"教育增收论"的本质所在。

6. 国民收入分配理论

国民收入分配的性质取决于生产方式的性质，取决于生产资料所有制性质。国民收入的分配包括初次分配和再分配。所谓初次分配，是指国民收入在与生产过程联系的阶段和阶层之间的分配。再分配，是指通过国民收入扣除可变资本后的利润、利息、地租等来支付。

我国进行国民收入分配的指导方针是，兼顾国家利益、集体利益和个人利益。同时在国民收入初次分配中强调贯彻效率优先原则，在国民收入再分配中强调兼顾公平的原则，通过调节国民收入分配增加农民收入。

7. 城市（镇）化增收论

根据世界工业化发展的一般规律，一个国家工业化发展程度越高，城镇人口就会不断地增加，农业人口相对减少，通过城市（镇）化的不断发展，农村人口越来越多地向城市流动，从事农业生产的人口数量就会减少，人均农业收入相对就会增加，从而促进农民增收。

第二节　国内外研究动态及发展趋势

一　农业现代化

改革开放以来，我国人均占有耕地由 1.55 亩减少到 1.19 亩，只相当于世界平均水平的 1/3，而每个劳动者占有的耕地只有世界平均水平的 1/6，人均占有水资源只相当于世界平均水平的 1/4，而且分布很不均匀。据预测，到 2030 年，我国人口总量将达到 16 亿的峰值，届时我国粮食需求总量为 65947 万吨，如以目前粮食增产速度和未来仍维持 95% 的自给率测算，我国未来发展需要 19.4 亿亩耕地才能保障粮食和蔬菜等食品的安全。另外，随着工业化、城镇化进程加快，会进一步导致农业用地和耕地面积面积的缩小，力保 18 亿亩耕地底线已成为国家目标。因此，未来我国将面临更加尖锐的人地矛盾，加快农业现代化对于保证我国粮食安全、巩固农业基础地位、解决"三农"问题和建设社会主义新农村具有重要意义。

农业现代化起步始于 19 世纪中叶的美国，兴盛于 20 世纪中叶的西方发达国家。随着农业现代化的不断发展，国外对农业现代化的研究逐步深入，形成了很多具有代表性的研究成果。诸如刘易斯、拉尼斯、费景汉创立的二元经济理论，西奥多·W. 舒尔茨的《改造传统农业》中提出的改造传统农业的方式，速水佑次郎、弗农·拉坦在《农业发展的国际分析》确立的诱导的技术创新模型，等等，都显示了国外农业现代化研究的卓著成果。

（一）关于现代化本质内涵的研究

现代化理论是第二次世界大战结束后出现并持续至今的一种社会思潮。至今，现代化研究领域共有五大主流：以亨廷顿、伊斯顿、阿尔蒙德、阿普顿为代表的现代化研究的政治方向，认为政治现代化是国家现代化的核心，现代化的最显著特点是国家政治制度的现代化。

以罗斯托、弗兰克、库兹涅兹、格尔申克隆为代表的现代化研究的经济学方向，认为现代化的核心是经济现代化，而经济现代化的主体是工业化和城市化，保证经济持续增长是实现现代化的关键。

以帕森斯、列维、勒纳和穆尔为代表的现代化研究的社会学方向，认为工业化是现代化的始发原因，现代化是工业化的必然结果，现代化是一个从传统社会向现代社会的社会性转变的过程。

以英克尔斯、麦克勒兰德等为代表的现代化研究的人文学方向，认为现代化的核心是人的现代化，人的现代化是实现由传统社会向现代社会转变的根本保证。

以布莱克和艾斯森特塔为代表的制度学方向，主要从人类历史发展演化角度，对不同国家的现代化进程进行实证研究，提出现代化发展模式多样性特点，并对多样化的模式进行诠释与剖析。

综上所述，由于各国现代化实践的复杂性，使得不同学者对现代化的概念定义显得混合庞杂，很难形成一个统一的定义和评价的标准，甚至有些内容会存在冲突。我们认为，农业现代化也是整个经济、社会现代化进程中一个十分重要的方面，它是实现其他方面现代化的基础。

（二）关于农业现代化本质内涵的研究

多年来，随着农业现代化的不断发展，国内外对农业现代化的研究也逐步深入，形成了很多具有代表性的研究成果。关于农业现代化的基本含义及其发展方向，也像现代化概念一样，多种多样。美国学者韩丁（1980）说："农业现代化，我认为，最主要的是劳动生产率，看一个劳动力一天或一年生产多少粮食。"[1] 著名经济学家西奥多·W. 舒尔茨（1987）在《改造传统农业》一书中认为，现代化的农业能对经济增长做出重大贡献。他认为，要改造传统农业，首先就要打破传统农业长期形成的经济平衡，突破传统农业的生产方式最关键的要从农业外部引入先进的生产要素。[2] 日本学者速水佑次郎和美国学者弗农·拉坦（2000）在《农业发展的国际分析》一书中认为，农业现代化的关键在于技术变迁。[3]

由于我国是一个农业大国，如何实现农业现代化对我国经济发展具有重要的作用，国内学者在这方面做了十分深入的研究。高尚全（1982）认为，农业现代化就是用现代的科学技术和现代工业来装备农业，用现代

---

① ［美］韩丁：《翻身——中国一个村庄的革命纪实》，北京出版社 1980 年版。

② ［美］西奥多·W. 舒尔茨：《改造传统农业》，商务印书馆 1999 年版。

③ 速水佑次郎、弗农·拉坦：《农业发展：国际前景》，商务印书馆 1993 年版。

的科学方法来管理农业，把落后的传统农业转化为具有先进水平的现代农业。可将之归纳为"三化"：农业生产手段现代化、农业生产技术现代化、农业生产组织管理的现代化。① 张仲威（1994）认为，农业现代化的核心思想是：农业现代化不仅包括农业生产过程的现代化，流通过程的现代化，还包括消费过程的现代化，此外，还应包括农村的现代化和农民的现代化，持此观点的学者普遍将农民现代化看作是农业现代化的主要内容与标志。② 农业现代化实际上就是生产力现代化了的农业，因此农业现代化必然包括农业劳动者素质的现代化。刘思华（1996）认为，农业现代化的内涵不仅包括技术、经济、社会的含义，而且包括生态环境的含义。实现农业现代化的过程，应该是推进生态文明的进程。它既是农业现代化的重要内容，也是农业可持续发展的基本条件。③ 卢良恕（1997）认为，农业现代化可以概括为：实质是科学化，特征是商品化，标志是社会化，基础是集约化，关键是知识化。④ 刘巽浩（1998）认为，农业现代化是指在物质上，用现代工业装备农业，实现水利化、化学化、机械化、电气化、信息化；在技术上，用现代科技装备农业，实现高产化、良种化、耕作制度与农业结构优化、栽培技术规范化、资源利用高效化、节约化；在经济上，用现代的经济管理科学指导农业，实现商品化、市场化、产业化、土地或经营规模化、社会化。⑤ 顾焕章（1997）从历史演进的角度出发，认为农业现代化是一个动态的、渐进的和阶段性的发展过程，在不同的时空条件下，随着人类认识程度的加深而不断被赋予新的内容。⑥ 为此，他们将农业现代化定义为，传统农业通过不断应用现代先进科学技术，提高生产过程的物质技术装备水平，不断调整农业结构和农业的专业化、社会化分工，以实现农业总要素生产率水平的不断提高和农业持续发展的过程，农业现代化即是指农业由传统的生产部门转变为现代的产业部门。王明华（2001）认为，农业现代化是由于科学技术在农业中的应用

---

① 高尚全：《走我国自己的农业现代化道路》，中国农业出版社1982年版。

② 张仲威：《中国农业现代化若干问题的探讨》，《农业现代化研究》1994年第5期。

③ 刘思华：《农业生态经济基础论——农业保护战略的理论依据》，《经济研究》1996年第6期。

④ 卢良恕：《21世纪的农业和农业科学技术》（上、下），《知识就是力量》1997年第5—6期。

⑤ 刘巽浩：《21世纪的中国农业现代化》，《农业现代化研究》1994年第7期。

⑥ 顾焕章、王培志：《论农业现代化的含义及其发展》，《江苏社会科学》1997年第1期。

扩张而引发的组织制度、管理方法的变革与创新。因此，农业现代化就是最终消除二元经济结构，实现制度现代化。[1] 闵耀良（2001）从世界经济一体化以及中国加入世界贸易组织的战略高度出发，认为农业现代化不是在一个封闭状态下的独善其身的过程，而是一个不断国际化和用知识经济武装的过程。[2]

综上所述，不同学者关于农业现代化的认识各有不同，并且对于农业现代化的研究大多给予描述分析和规范分析，存在一定的局限性，均未完成对农业现代化的统一认识、统一度量、统一的理论体系和统一的模型。尽管如此，这些研究在农业现代化方向上给了我们很大的启发，对于本书的研究具有重要指导意义。

（三）关于农业现代化道路、模式的研究

目前，世界上已经有近 70 个国家实现或基本实现了农业现代化，因此，关于农业现代化模式和道路已经出现了许多研究成果。但是，从国内外的研究成果看，农业现代化的实现模式和道路并没有呈现出多元化，而是基本沿着速水佑次郎和弗农·拉坦诱导创新理论所提供的路径，形成了"劳动节约型"、"土地节约型"和介于两者之间的"中间道路型"三种主要模式：

（1）对于土地资源禀赋较好、劳动力供给相对稀缺以及由于工业化进程加快导致生产要素价格较低的国家和地区一般采用的都是"劳动节约型"模式，其突出的特点是：人均耕地多、农业生产经营规模大、机械化程度高、农业劳动生产率和农产品商品率高。美国、澳大利亚等是这类模式的典型。

（2）对于土地资源贫乏、农业生产条件相对较差的国家和地区，为实现农业的增长，通过对单位面积土地投入更多的如化肥等投入品，以有效缓解有限土地资源禀赋对农业生产的制约。该模式称为"土地节约型"模式。这种模式以日本、荷兰为代表，其特点是农业生产规模普遍较小、农业机械化以中小型为主、土地生产率高。

（3）对于人—地比率处于上述两者之间，土地资源和劳动力供给都比较均衡的国家和地区，为推动农业增长采取的是介于"劳动节约型"

---

① 王明华：《消除城乡二元结构，推动中国农村现代化》，《农业经济问题》2001 年第 2 期。

② 闵耀良：《知识经济与农业现代化》，《中国农村经济》2001 年第 1 期。

和"土地节约型"两种模式之间的"中间道路型"模式，该模式以法国、德国、英国、丹麦等欧洲国家为代表。

美国经济学家弗农·拉坦综合资源禀赋与技术应用情况，将农业现代化模式归为如下三类：一是劳均土地在 30 公顷以上的国家走的是机械技术型；二是劳均土地 3—30 公顷的国家走的是生物技术—机械技术交错型；三是劳均土地不足 3 公顷的国家走的是生物技术型。

此外，也有学者从理论上将农业现代化模式分为工业化带动和传统农业改造两种模式：前一种模式以刘易斯等人的二元经济发展模型为代表；后一种模式以舒尔茨为代表，把传统农业看作一种特殊类型的经济均衡状态，提出要想打破这种均衡状态，提高农业生产效率，必须有新的要素投入进来。在实践中，前一种模式主要是对发达国家农业现代化道路的概括；后一种模式则是许多发展中国家尝试工业化带动模式未能成功之后转而在实践中探索的农业发展之路。

上述各种模式分类只是一个原则框架内的分类，不同国家和地区的农业现代化进程究竟以哪种模式出现，不仅取决于该国或地区的资源禀赋、文化禀赋，而且还取决于技术条件和制度状况，而资源禀赋无疑是其中最重要的决定因素。因此，即使是归属于同一模式下的不同国家和地区，也必然具有不同特点。但是，上述各种模式在实践中也具有一些共同点，即强调发挥市场机制的作用，发挥科学技术的作用。

对于我国，由于存在经济上的二元结构；城乡之间社会上的二元结构；城乡之间科技、教育、文化、福利等方面的二元结构；加之存在有人口不断增长与土地资源不断减少之间的矛盾；小生产与大市场之间的矛盾；以家庭承包经营为主的农业制度与现代农业市场化的矛盾，因此上述对于不同国家农业现代化模式的研究思路与探索视角对于我们研究农业现代化道路具有重要的借鉴意义和指导作用。

（四）关于农业现代化制度安排的研究

新制度经济学家认为，制度是决定经济发展的一个十分重要的变量，诺斯在《经济史中的结构和变迁》一书中认为"制度是一系列被制定出来的规则、秩序、行为道德和伦理规范，它旨在约束追求主体福利和效用最大化利益的个人行为。制度是一个社会中的游戏规则，更规范地说，制度是为决定人们的相互作用而人为设定的一些制约。制度构造了人们在政治、社会或经济方面发生交换的激励结构"。在农业现代化的进程中，制

度的作用十分重要，国内外涌现出一系列关于农业生产制度安排的研究
成果。

1. 土地制度方面

亚当·斯密（Adam Smith，1776）认为，分成租佃制会阻碍租佃农户
改良土地和投入更多的劳力，因为在分成租佃制下，租佃农户的一部分成
果将被土地所有者无偿占有。[①] 约翰·斯图亚特·穆勒（John Stuart Mill，
1848）强调，租佃农户不同的投资、劳动激励是造成固定地租契约在英国
盛行的原因。他认为，分租制这种制度本身并不见得不好，问题在于实际
存在的分成制的不稳定性。在他看来，若能使佃农有稳定的租佃权，分成
制的弊端就可以弥补。[②] 马歇尔（Marshall，1890）强调，由于租佃农户在
分成制条件下边际收益只是劳动的边际产出的一小部分，这会导致租佃农
户劳动激励的弱化。[③] 高尔·约翰逊（D. Gale Johnson，1950）[④]、Steven
N. S. Cheung（1969）[⑤]、丹尼尔·贝尔（Daniel Bell，1977）[⑥]认为，只要租
佃农户的劳动可以被无成本地监督，分成地租契约和固定地租契约一样有
效率。Gerald Jaynes（1982）认为，分成制最终会造成资源配置的低效率。
德国经济学罗伯特·霍恩等认为，在经济上以农业为主的时代，土地所有
权是财富和名誉的源泉，即使到工业时代，土地所有权也仍然备受重视。

由于我国土地制度的特殊性，我国学者在这方面进行了广泛研究。林
毅夫（1992）从监督的角度对中国农村土地制度的变迁给出了合理解
释。[⑦] 杨学成、曾启（1994）强调市场化土地流转制度的构建，即培育农
村土地市场，包括土地所有权市场和土地使用权市场。[⑧] 周其仁（1995）
阐述了人民公社体制下的农村土地产权安排并解释了家庭联产承包责任制

① Adam Smith, *The Wealth of Nations*, New York：Modern Library Edition，1937.

② John Stuart Mill, *Principles of Political Economy with Some of Their Applications to Social Philosophy*, London：Green & Longman Print，1923.

③ Alfred Marshall, *Principles of Economics*, London：The Macmillan Company，1920.

④ D. Gale Johnson, Resource Allocation under Share Contracts, *Journal of Political Economy*，1950
(4)：112 – 114.

⑤ Steven N. S. Cheung, *The Theory of Share Tenancy*, Chicago：The University of Chicago Press，
1969.

⑥ Daniel Bell, *The Coming of Post – Industrial Society：A Venture in Social Forecasting*, New
York：Basic Books，1973.

⑦ 林毅夫：《制度、技术与中国农业发展》，上海三联书店 1992 年版。

⑧ 杨学成、曾启：《试论农村土地流转的市场化》，《农业经济问题》1994 年第 6 期。

的产生。土地规模经营与提高单产并行不悖，规模经营有利于提高土地生产率。[1] 张光辉（1996）认为，应当依照依法、自愿、有偿的原则，通过市场机制的引导，使农户的土地经营权流转到种田大户或农业投资者手里形成家庭农场。[2] 陈欣欣、史清华、蒋伟峰（2000）认为，随着经营规模的扩大，农地利用效率呈现"U"形趋势。[3] 温铁军（2000）认为，赋予农民土地长期使用权的真实意义在于稳定他们的社会保障。[4] 何凌云、黄季焜（2001）认为，土地使用权的稳定性，不但影响农民对农业用地旨在提高土地肥力的长期性投入，而且影响农业用地的短期投入。[5] 姚洋（2000）认为，稳定地权不可能马上就见到产量的效果，它的作用主要是通过促进土地长期投资达到可持续发展的目的。[6] 冯继康（2004）认为，不同国家在选择与确立农村土地制度时，应科学分析与判定农村生产力发展水平，并依此确立土地经营的规模。[7] 李明秋、陆红生（2001）认为，随着生产的社会化和商品经济的发展，农村土地制度采取了所有权与使用权相分离的制度，从而使农村土地所有权在生产中的作用削弱。[8] 朱文（2007）认为，农村土地流转是农业可持续发展的客观要求，也是化解"三农"难题的有效途径。[9]

2. 组织制度方面

关于组织制度的探索主要体现在组织模式方面。国内外学者关于农业现代化组织模式的研究，主要集中在农业产业化方面，对于农业产业化组

---

① 周其仁：《中国农村改革：国家和所有权关系的变化——一个经济制度变迁史的回顾》（上、下），《管理世界》1995 年第 3—4 期。

② 张光辉：《农业规模经营与提高单产并行不悖——与任治君同志商榷》，《经济研究》1996 年第 1 期。

③ 陈欣欣、史清华、蒋伟峰：《不同经营规模农地效益的比较及其演变趋势分析》，《农业经济问题》2000 年第 12 期。

④ 温铁军：《新形势下赋予农民长期而有保障的土地使用权尤为重要》，《中国农村经济》2001 年第 10 期。

⑤ 何凌云、黄季焜：《土地使用权的稳定性与肥料使用——广东省实证研究》，《中国农村观察》2001 年第 5 期。

⑥ 姚洋：《中国农地制度：一个分析框架》，《中国社会观察》2000 年第 2 期。

⑦ 冯继康：《中国农村土地制度：历史分析与制度创新》，博士学位论文，南京农业大学，2005 年。

⑧ 李明秋、陆红生：《中国农村土地制度创新模式研究》，《中国农村经济》2001 年第 12 期。

⑨ 朱文：《新农村建设中农村集体土地流转制度改革与创新》，《农村经济》2007 年第 9 期。

织模式的研究主要又可以分为合同契约型、农业合作社、农工商综合体、联合体四种。戴维斯（John. H. Davis）和戈德堡（Roy A. Goldberg）（1957）把农业组织定义为农业产业化经营的载体或"农业综合企业"。[1] Vitaliano（1983）研究了合作企业剩余索取权问题。[2] 萨克斯顿（Sexton，1986）把组织的成立归纳为获得大量经营业务以达到规模经济。[3] 富尔顿（Fulton）将所有权理论应用于合作组织，解释了合作组织的存在。[4] Bonus（1986）[5]、Staatz（1987）[6]、Ollila（1989）[7] 把合作组织成立的原因归纳为独立交易伙伴交易的成本过高。Hakelius（1996）[8] 指出，对于一个合作组织来说，至少在其成员中存有一些信任——相互理解、共同体的感觉、对公共问题的界定等。尼尔森（Nilson，1996）指出，成员之间的低的交易成本应被视为一个合作社的正常状态。[9] Hendrikse 和 Veerman（2001）用交易成本理论研究了在农业营销合作社中的投资约束和控制约束之间的关系。[10] Chaddad 和 Cock（2003）提出了基于剩余索取权和剩余控制权的农民合作社的组织安排分类。[11]

---

[1]　Davis，John H. and A. Goldberg，Roy，A Concept of Agribusiness，*Harvard University*，1957（1）.

[2]　Vitaliano，P.，Cooperative Enterprise：An Alternative Conceptual Basis for Analyzing a Complex Institution，*American Journal of Agricultural Econmics*，1983.

[3]　Sexton，R. J.，The Formation of Cooperatives：A Game – Theoretic Approach with Implications for Cooperative Finance，Decision Making，and Stability，*American Journal of Agricultural Economics*，1986.

[4]　Murray Fulton，The Future of Canadian Agricultural Cooperatives：A Property Rights Approach，*American Journal of Agricultural Economics*，1995.

[5]　Bonus，The Cooperative Association as a Business Enterprise：A Study in the Economics of Transaction，*Journal of Institutional and Theoretical Economics*，1986.

[6]　Staatz，J. M.，Farmers' Incentives to Take Collective Action via Cooperatives：A Transaction Cost Approach，Cooperative Theory：New Approaches，1987.

[7]　Ollila，R.，Coordination of Supply and Demand in the Dairy Marketing System with Special Emphasis on the Potential Role of Farmer Cooperatives as Coordinating Institutions，*Journal of Agricultural Science in Finland*，Vol. 61，No. 3，1989，143 – 321.

[8]　Hakelius，K.，*Cooperative Values：Farmer Cooperatives in the Minds of the Farmers*，1996.

[9]　Nillson，*The Emergence of New Organizational Models for Agricultural Cooperatives*，1998.

[10]　Hendrikse，G. W. J. and C. P. Veerman，Marketing Cooperatives：An Incompletes Contracting Perspective，*Journal of Agricultural Economies*，2001.

[11]　Chaddad，F. R. and Cock，M. L.，The Emergence of Non – Traditional Cooperative Structures：Public and Private Policy，Paper Presented at the NC – R194 Research on Cooperatives Annual Meeting，Kansas City，Missouri，2003（10）.

　　国内学者在组织制度方面也进行了大量研究：黄祖辉、郭红东、蔡新光（1999）等根据浙江农业产业化实践，总结出相应经营组织形式为四类：一是龙头企业带动型，主要形式是"龙头企业 + 基地 + 农户"；二是市场带动型，主要形式是"专业市场农户"；三是中介组织引导型，主要形式是"中介组织农户"；四是农村合作经济组织带动型，主要形式是"农村合作经济组织 + 农户"。① 苑鹏（2001）把农民合作组织分为官办型、官民合办型和自办型三种形式。② 罗必良（2002）基于农民家庭承包经营的现状指出，只要是联合农户的经济组织形式都属于广义农民合作经济组织的范畴。③ 郭红东（2004）通过研究指出，农民专业合作经济组织的成立在经济欠发达地区显得更为迫切。④ 徐明华（1998）认为，规模经营是农业生产力发展的必然趋势。⑤ 曹钢（1998）认为，我国的农业也正在家庭承包经营责任制的基础上，以市场为纽带，以现代农业技术为动力，以社会化、合作化、产业化为形式发生着一场静悄悄的、深刻的制度性变革。⑥

　　3. 水权制度方面

　　Saliba（1987）认为，水权交易是指水权人或用水户之间通过价格的协商，进行水的自愿性转移或交易。⑦ 英国学者 F. H. 劳森、B. 拉登指出，水的使用权不可分割，不可独立于土地所有权或占有权而转让。⑧

　　我国学者裴丽萍（2001）提出了水权与土地所有权及使用权、相邻权、地役权等物权制度的关系，并初步提出理顺它们之间关系的立法

　　① 黄祖辉、郭红东、蔡新光：《浙江农业产业化经营：实践与对策》，《浙江学刊》1999 年第 5 期。
　　② 苑鹏：《中国农村市场化进程中的农民合作组织研究》，《中国社会科学》2001 年第 6 期。
　　③ 罗必良：《农业产业组织：演进、比较与创新》，中国经济出版社 2002 年版。
　　④ 郭红东、蒋文华：《影响农户参与专业合作经济组织行为的因素分析——基于对浙江省农户的实证研究》，《经济研究参考》2004 年第 6 期。
　　⑤ 徐明华：《粮田规模经营：利弊尚待权衡》，《中国农村经济》1998 年第 3 期。
　　⑥ 曹钢：《试论 90 年代农村经济的制度创新》，《中共中央党校学报》1998 年第 4 期。
　　⑦ Saliba, B. C. and Bush, D. B., Water Markets in Theory and Practice：Market transfers, Water Value Sand Public Policy, Studies in Water Policy and Management No. 12（Boulder, Co., Westview Press）, 1987.
　　⑧ F. H. 劳森、B. 拉登：《财产法》第二版，施天涛等译，中国大百科全书出版社 1998 年版。

设想。①

上述关于农业现代化制度方面的研究充分反映了国内外学者对于这个问题的重视，本课题组也认为制度属于生产关系范畴，根据生产力与生产关系相统一的原理，生产力决定生产关系，但生产关系也反作用于生产力。农业现代化是农业生产方式的重大改革，当现代投入物不断引进推动生产力迅速提高时，必须及时调整生产关系，避免阻碍生产力的发展。因此，上述研究对于探索农业现代化道路具有重要的借鉴意义。

（五）关于农业现代化技术支撑体系的研究

农业技术体系的集成是农业现代化模式设计或道路选择的重要内容，因此，关于农业现代化技术体系出现了很多研究成果，特别是关于绿洲生态农业现代化技术体系更是硕果累累。顾宏辉、朱金庆、赵伟明、鲁长根（2000）将精耕细作的传统同现代科技和物质投入结合起来，提出了按不同种植区发展间作套种等多熟制栽培技术。② 杨光立、李林、刘海军、孙玉桃（2000）重点研究和开发了适宜不同地区的专用饲料作物及其栽培技术、综合利用技术。③ 刘贤赵、康绍忠（2001）指出，节水农业技术体系是为充分利用有限水资源或灌溉水资源，提高有限水的利用率和利用效率，达到农作物高产高效且具有一定水平的技术措施，是由水资源、工程、农业、管理等环节组成的综合技术体系，包括常规技术体系和高新技术体系。④ 石元春（2002）提出以农业生物为主要研究对象，以农业应用为目的，以基因工程、细胞工程、发酵工程、蛋白质工程等现代生物技术为主体的综合性技术体系。⑤ 何忠伟（2005）提出了较完整的畜产品生产、产品质量监督和标准化管理技术体系，快速、准确、高效的畜禽疾病诊断、预防、治疗、控制或消灭技术体系，以及不同草地资源的高效、生态、合理利用和相关微生物资源的开发利用技术体系。⑥ 田笑明（2005）

---

① 裴丽萍：《水权制度初论》，《中国法学》2001 年第 2 期。

② 顾宏辉、朱金庆、赵伟明、鲁长根：《山区与丘陵旱地新型多熟种植模式及配套技术》，《浙江农业科学》2000 年第 6 期。

③ 杨光立、李林、刘海军、孙玉桃：《调整种植业结构，建立粮、经、饲三元种植结构技术体系》，《作物研究》2000 年第 2 期。

④ 刘贤赵、康绍忠：《我国节水型农业技术体系的发展方向》，《中国人口·资源与环境》2001 年第 2 期。

⑤ 石元春：《现代农业》，《世界科技研究与发展》2002 年第 4 期。

⑥ 何忠伟：《中国农业补贴政策效果与体系研究》，中国农业出版社 2005 年版。

提出以提高种植业机械化水平，实行农业机械化与适度规模经营相结合、农机与园艺相结合，因地制宜，建立高效、省力、低耗的机械化耕作栽培技术体系，发展设施化、工厂化栽培，大幅度提高种植业劳动生产率和比较效益的精准农业体系。[①] 李燕凌、李大志（2007）提出防治污染、保护土地和水资源免受侵害、维护生态良性循环的技术体系以及扩大节地、节水、节肥等先进实用技术体系。[②]

技术是提高农业产出的一个十分重要的因素，上述关于农业技术体系的研究对于农业现代化进程有着十分重要的影响，对我们的研究也有很大的启发作用。

（六）农业现代化评价理论与评价体系设计的研究

构建农业现代化评价指标体系的方法许多，并且这方面的研究仍在快速发展。程智强等（2003）认为，应从两个方面来建立农业现代化指标体系：一是现代化水平，主要反映现代农业的水利保障程度、机械作业程度、农产品商品化程度、土地生产率水平和劳动生产率水平；二是现代化的质量，包括经济的增长质量、环境质量与产品生产质量、农民的生活质量。[③] 中国农业部农村经济研究中心把我国农业现代化的指标体系分为农业外部条件指标、农业内部条件指标和农业生产效果指标三组，制定了一个指导全国的基本实现农业现代化的指标体系，该体系还制定了阶段性指标，分为起步指标、初步指标和基本实现标准。中国农业科学院文献信息中心梅方权提出农业现代化四阶段论及一套评价指标体系，具体包括7类22项指标。[④] 李黎明等（2004）对我国农业现代化评价指标体系进行了比较系统研究，得出了由农业生产能力、农民生活质量、劳动者素质和环境质量四个总体指标，综合产出能力、生产条件、农业经济结构、农民收入和消费水平等八个主体指标和从业人员劳动生产率、土地生产率、有效灌溉面积比重、从业人员人均机械总动力、农林牧渔比例、专业技术人员比重、除涝面积占易涝面积比重等22个群体指标3个层次构成的我国的

---

① 田笑明：《兵团精准农业技术体系的建立及在棉花上的大面积应用》，《中国棉花》2005年第 S1 期。

② 李燕凌、李大志：《论农业循环经济体系及其技术构建》，《湖南农业科学》2007 年第 3期。

③ 程智强、程序：《农业现代化指标体系的设计》，《农业技术经济》2003 年第 2 期。

④ 梅方权：《中国农业现代化的发展阶段和战略选择》，《调研世界》1999 年第 11 期。

农业现代化评价指标体系。该指标体系比较适合中国的国情，可以据此进行横向和纵向的比较。[1] 刘晓越（2004）提出了"专家咨询约束条件下的最大方差赋权法"，建立中国农业现代化监测评价指标体系。[2] 谭波等（2000）将地区农业现代化的评价指标体系分为 4 个子系统，18 项指标，具体包括"农民知识化"子系统、"农业集约化"子系统、"农民生活富裕化"子系统和"农村城市化"子系统。[3] 另外，全国各地的专家学者都依据自己对农业现代化的理解及当地实际情况不同，提出了不同的指标体系，例如：江苏省制定的农业现代化指标体系包括 5 个总体指标共 16 个群体指标，辽宁省制定的共有 7 类 26 项指标，而河北省制定的则包括 5 类 23 项指标。

综上所述，在指标体系设计、评价模型与方法的选择方面，由于各地对农业现代化内涵的认识、现代化起点、发展潜力和发展道路不同，从而制定的指标体系也存在差异。这些体系和方法将是农业现代化评价指标体系的重要参考。

（七）结论

在农业现代化发展的过程当中，尽管对农业现代化认识不一，但是，大多数学者从现代化及农业现代化本质内涵、农业现代化道路与模式、农业现代化制度安排、农业现代化技术支撑体系、农业现代化评价理论与评价体系设计六个方面进行研究，这些理论基础对中国特色的农业现代化道路的特殊性及意义主要表现在：

第一，我国目前的农业现代化由于其存在的区位、技术和经济发展等因素存在差异，因此，在国家农业安全战略和粮食安全战略的视角下，为设计出合理、科学的农业现代化的模式与道路，以及与模式和道路相配套的技术集成体系和制度安排框架体系提供理论依据。

第二，根据区域、技术、经济、资源、生态等的不同，构建现代农业技术体系、制度安排框架体系与高效农业之间的内在逻辑联系，并为农业的开发途径提供新的开发途径。

---

[1] 李黎明、袁兰：《我国的农业现代化评价指标体系》，《华南农业大学学报》（社会科学版）2004 年第 2 期。

[2] 刘晓越：《中国农业现代化进程研究与实证分析》，《统计研究》2004 年第 2 期。

[3] 谭波、罗庆成：《地区农业现代化指标体系框架及其量化》，《农业系统科学与综合研究》2000 年第 1 期。

二 农民增收

(一) 国外研究动态

农民收入增长问题始终是国内外研究的热点和焦点之一，世界银行、联合国开发计划署等国际机构从各个角度对农民收入的增长进行研究，并且在具体实施方面也取得卓有成效的效果，主要表现在：

第一，从政策上给予增收的保障。通过对世界各国的农民收入进行分析，无论是美国、欧盟还是 OECD 其他成员国，在进入 20 世纪 90 年代以后，农业支持政策都有了显著改善，逐步向削减贸易壁垒、发挥市场导向作用、增强对农业支持的方向转变。

第二，农业支持保护政策的立法化。世界各国的农业支持政策一般采取立法形式，并采用项目计划管理。其中，尤其以美国农业政策体系最为完善。纵观美国各个时期的农业法，可以看出，美国依靠完备详尽的法律体系，确保了农业支持政策体系的顺利运转。

第三，各国都大力发展农民自己的合作组织。世界各国农民组织不仅具体实施政府的多项计划，还通过对农业生产结构调整、农产品收购计划、农业技术推广、低息贷款等，实现国家及地方对农民收入的支持；而且农协经营产生的利益，以指导事业费的形式返还给农民合作组织或农民社员，有力支持了农民收入。

第四，通过农业保险稳定农民收入。美国、欧盟、日本及其他许多国家政府，实施农业保险制度，有效地稳定了农民收入。农作物保险是美国、欧盟等国实施农业保护的重要手段和方式，它为减轻自然灾害给农民造成的风险损失提供了重要保障。

国外的发展经济学流派在农民增收的问题上关注较多，例如杨小凯和博兰德的专业分工和实践学习理论、阿马蒂亚·森的制度理论等都在一定程度上推动了农民增收的研究。因此，国外在市场经济实践中逐渐形成和完善的支持农民收入的理论与政策体系及其在经济发展中积累的经验和教训，都是值得我们学习和借鉴的。

国外学者在农民增收方面的研究主要集中在农业结构转变、农村劳动力转移理论、二元结构理论、人力资源理论、农民人权理论等方面。

美国经济学家刘易斯 (W. A. Lewis, 1954) 在《劳动无限供给条件下的经济发展》一书中，首次阐述了"两个部门结构发展模型"的概念。他认为发展中国家同时存在生产率低下的农业部门和生产率较高的现代化工业部门，也就是二元经济结构。工业部门的发展进程要求其吸收大量农村剩余劳动力，获得了这些劳动力生产而带来的剩余价值，然后进一步扩大生产，吸引更多的农村剩余劳动力。与此同时，农民也在劳动力转移过程中实现增收。

费景汉、拉尼斯（H. Fei and G. Ranis, 1961）在刘易斯模型基础上对其模型中的假设进行了修正。他们将剩余农民进一步划分为不增加农业总产出和不增加农业总剩余两类，并把农业劳动的流动过程分为以下三个阶段：第一，劳动生产率等于零的那部分劳动力的流出。第二，边际生产率大于零但小于不变制度工资的劳动力的流出。第三，农业劳动的边际产品的价值大于不变制度工资的劳动流出。

美国发展经济学家托达罗（M. P. Todaro, 1969）假定农业劳动者迁入城市的动机主要决定于城乡预期收入差异，差异越大，流入城市的人口越多。托达罗认为，应当注重农村的发展，提高农业部门吸纳农村剩余劳动力的能力。

舒尔茨（Thodore W. Schults）的人力资源理论认为人力资本是通过投资形成的，像土地、资本等实体性要素一样，在社会生产中具有重要的作用。教育是使个人收入的社会分配区域均等的重要因素。因此，提高农民的人力资本水平是提高农民收入的根本所在。

罗默（Paul M. Romer, 1986）在《收益递增经济增长模型》一文中首次提出了自己的内生经济增长模型。他认为知识和技术研发是经济增长的源泉，将知识完整纳入经济和技术体系之内，使其作为经济增长的内生变量，而提高经济增长率的主要途径是努力增加研究与开发部门的资源投入以提高知识积累率。

李斯特（Freidrich Liszt）的农业残缺状态理论认为，农业本是一个完整的产业，可以通过自然生产实现产业的发展和进步。但是随着农业人口不断增加，他们将土地不断零星分割，以至于再也没有剩余可以用来同其他产业进行交换，因而导致农业家庭只能长期维持在最低限度的生活水平上，农业生产的人均产出不断下降。因而只有安排农村的大量闲余劳动力在其他产业就业，将他们成功地转移出去，才能不断地提高农民的收入。

以上国外经典的有关农民收入的理论研究，对研究我国农民收入问题具有一定的参考意义。

（二）国内研究动态

农民增收问题的研究起始于新中国的成立，伴随着我国农村改革的逐步展开与深化，有关方面的理论研究得到了长足发展与完善。关于农民增收问题研究，研究的文献虽多，但归纳起来研究的方向主要集中在农民增收的发展趋势、政府财政支持与农民增收、人力资本与农民增收、农业结构调整与农民增收、制度变迁、政策变化与农民增收、新农村建设与农民增收七个方面。具体如下：

1. 农业政策、体制与农民增收

蒋和胜、王德忠（2002）[①] 指出，农民增收减负的治本之策在于农业制度创新，包括户籍制度创新、农地流转制度创新、农村财税体制创新、农业经营组织制度创新等。其中，农业经营组织制度创新是关键，其他制度创新是条件。

苏州市农村经济研究会（2007）[②] 在农民增收的长效机制方面进行了探索，诸如村级集体收益共享机制、现代农业建设中的合作机制、城乡统一的农民就业机制、农民自主创业机制、城市支持农村的"反哺"机制、农村社会保障机制等方面。

张领先、傅泽田、张小栓（2007）[③] 运用层次分析法，以农村经济可持续发展作为目标层，以增加农民收入、食物安全、提高农产品国际竞争力和生态环境保护为准则层，构建我国农业国内支持层次结构模型，并指出"绿箱"政策、"黄箱"政策等不同因素的作用程度。

林瑜胜（2007）[④] 指出，制度建设的不足和贯彻不力，其不良社会后果将会给农民的增收之路带来重重困难。

段秋阳（2007）[⑤] 指出，造成农民增收困难的关键原因是存在各种制度障碍，农民增收重在制度创新。

---

① 蒋和胜、王德忠：《关于农民增收减负途径的深层次思考——兼论农民增收减负的制度基础》，《四川大学学报》（哲学社会科学版）2002 年第 1 期。

② 苏州市农村经济研究会：《苏州市构建农民增收长效机制的探索》，《现代经济探讨》2007 年第 6 期。

③ 张领先、傅泽田、张小栓：《基于农民增收的我国农业国内支持的结构优化》，《系统工程理论与实践》2007 年第 4 期。

④ 林瑜胜：《影响我国农民增收的制度性因素及其社会后果分析》，《东岳论丛》2007 年第 5 期。

⑤ 段秋阳：《以制度创新促进农民增收》，《生产力研究》2007 年第 20 期。

周宇（2007）[1] 指出，农民增收从本质上看，主要是受资源、结构、市场和体制的制约；反映在制度层面上，则面临着一系列对政策、体制和机制的创新。

陈伯君等（2009）[2] 以成都农村土地制度产权改革前后农民收入变化为样本进行分析，对产权改革提出对策建议。

李明桂（2009）[3] 指出，农民的土地、劳动力和资金要素由于种种原因没有给他们带来很好的资本收益，因此要利用资本文明这一手段发挥一切要素的潜能为农民增收服务。

杨欣、李伟毅、赵佳（2010）[4] 指出，要通过深化改革推进制度创新来建立农民增收长效机制，并逐步遏制以至于缩小城乡居民收入差距。

何凡（2012）[5] 通过对四川省 2000—2008 年的经济增长率、工业增长率与农民收入增长率三者的相关性进行了实证分析得出，农民未能充分享受经济发展和快速工业化带来的好处，原因在于现行的户籍制度造成城市化落后，并指出农民收入持续增长的根本保障在于制度创新。

姜松、王钊（2012）[6] 运用"一圈两翼"截面数据，对重庆市土地流转、适度规模经营与农民增收关系及效应进行实证分析，指出土地流转对农业适度规模经营具有显著正向效应，土地流转对农民增收具有显著负向效应；不同土地流转形式对农业适度规模经营和农民增收的影响存在差异，转让、互换等土地流转形式对农业适度规模经营的弹性最大，而除出租对农民增收具有正向效应外，其余土地流转形式对农民增收的效应均为负；土地流转及其各种形式对农业适度规模经营和农民增收的影响在空间上存在差异。

刘立尧、蒋爱军（2012）[7] 从农业结构调整、中小企业发展、支农惠

① 周宇：《新农村建设中农民增收的机遇、条件和途径》，《河北学刊》2007 年第 6 期。

② 陈伯君、邓立新、余梦秋、杜兴端：《成都农村土地产权制度改革与农民增收关系》，《探索》2009 年第 3 期。

③ 李明桂：《资本文明视阈下的农民增收》，《理论导刊》2009 年第 9 期。

④ 杨欣、李伟毅、赵佳：《城乡差距视野中的农民增收问题研究》，《农村经济》2010 年第 10 期。

⑤ 何凡：《农民增收的宏观环境浅析——以四川省为例》，《农村经济》2012 年第 8 期。

⑥ 姜松、王钊：《土地流转、适度规模经营与农民增收——基于重庆市数据实证》，《软科学》2012 年第 9 期。

⑦ 刘立尧、蒋爱军：《城乡二元经济结构下农民增收保障体系建设的思考》，《安徽农业科学》2012 年第 5 期。

农政策、劳动用工市场、职业技能培训五个方面对农民增收保障体系建设进行了论述。

《完善强农惠农政策促进农业发展农民增收》课题组（2012）① 通过分析四川省强农惠农政策措施落实情况，指出要充分挖掘强农惠农政策助推农业发展、农民增收的潜力，探索完善强农惠农政策新举措。

2. 城乡发展与农民增收

王德文、蔡昉（2003）② 指出，"十五"期间城乡居民收入增长可能并不同步；而且，城市居民可支配收入增长快于农民人均纯收入增长，结果导致城乡居民的绝对收入差距和相对收入差距进一步扩大。

刘兵（2004）认为③，增加农村公共产品是解决农民增收和缩小城乡收入差距的有效手段。

刘志生、徐长玉（2005）④ 指出，解决农民增收问题要树立正确的农民增收观、改善农村基础设施条件、采取"公司 + 农户"等模式、加大农村小城镇建设力度、以制度创新为动力、以教育为路径等内容。

高建军（2007）⑤ 指出，农民增收要置于经济社会发展整体的环境中加以统筹考虑，具体包括继续加大对农业和农村的投入、加强对农村金融的支持、改善农民就业创业的环境、建立市场调控机制、改革土地使用制度等内容。

马德生、王丽芹（2008）⑥ 从改革开放以来农民收入来源变化与构成特点分析指出，通过非农就业所获得的收入已成为农民人均纯收入增长的主体，其中通过劳动力转移形成的工资性收入对农民人均纯收入增长的贡献最大。

---

① 《完善强农惠农政策促进农业发展农民增收》课题组：《完善强农惠农政策背景下的农业发展与农民增收——以四川省为例》，《农村经济》2012 年第 5 期。

② 王德文、蔡昉：《如何避免城乡收入差距进一步扩大——"十五"期间农民收入变化趋势与政策建议》，《农业经济问题》2003 年第 2 期。

③ 刘兵：《公共风险与农村公共产品供给：另一个角度看农民增收》，《农业经济问题》2004 年第 5 期。

④ 刘志生、徐长玉：《农民增收的认识与思考》，《毛泽东邓小平理论研究》2005 年第 10 期。

⑤ 高建军：《建立农民增收的长效机制》，《理论探索》2007 年第 2 期。

⑥ 马德生、王丽芹：《我国农村劳动力转移与农民增收关系研究》，《商业研究》2008 年第 11 期。

翟绪军、王永德（2010）① 利用投影寻踪模型对 2004—2008 年黑龙江垦区农民纯收入的变动分析发现，政策性转移收入已成为垦区农民结构性增收的新增长极，工资性收入、家庭经营收入仍然占农民纯收入的主要部分，但对垦区农民收入增加的贡献减弱。

张优智、侯海青（2011）② 在分析陕西城镇化水平与农民增收现状的基础上指出，在一定滞后期数上，陕西城镇化水平与农民收入的增长具有双向因果关系。

李宏岳（2011）③ 剖析了我国农村城镇化的几种典型模式，提出促进农民收入增长的对策建议。

李普亮（2012）④ 利用中国省级面板数据分别估算了财政农业支出对农民增收及缩小城乡居民收入差距的影响，并指出优化财政农业支出结构、减少财政农业支出的"非农化"倾向是缩小城乡居民收入差距的关键所在。

杨晶（2014）⑤ 通过对 2006—2011 年河南省农民纯收入和城镇化发展水平数据进行灰色关联度分析，找出二者的关系，从而提出促进城镇化发展和提高农民收入的对策。

3. 人力资本开发与农民增收

杨辉（2008）⑥ 指出，应通过加强对农民的教育、培训，完善农村教育环境，积累农村人力资本等途径，来有效开发利用农村人力资源，以此提高农民的综合素质，进一步增加农民的收入，使农民真正富起来。

熊晞（2008）⑦ 结合新中国成立以来党在农民增收问题上的经验及启示指出，农民增收的关键在于提升农民自身具备的人力资本。

---

① 翟绪军、王永德：《基于投影寻踪模型的黑龙江垦区农民增收结构变动评价》，《商业研究》2010 年第 7 期。

② 张优智、侯海青：《城镇化水平与农民增收：基于陕西数据的分析》，《商业研究》2011 年第 5 期。

③ 李宏岳：《城镇化与农民增收问题研究》，《农业经济》2011 年第 4 期。

④ 李普亮：《财政农业支出、农民增收与城乡居民收入差距——基于省级面板数据的实证》，《南方经济》2012 年第 8 期。

⑤ 杨晶：《农民增收与城镇化互动机制研究》，《农业经济》2014 年第 5 期。

⑥ 杨辉：《农村人力资源开发对农民增收的影响及对策分析》，《商业研究》2008 年第 11 期。

⑦ 熊晞：《把提升人力资本作为农民增收的治本之策》，《理论前沿》2008 年第 22 期。

周绍森、罗序斌（2010）[1] 指出，人力资本和科技进步是中部地区农民增收的内生动力。促进中部地区农民长效增收，应大力提升人力资本，加快科技进步，实施农村义务教育均衡发展、职业教育创业创新、劳动力转移培训和现代农业急需人才开发"四大工程"，构建现代农业关键技术、科技创新、技术推广和网络服务"四大体系"。

白云（2010）[2] 指出，开发农村人力资源，提高农民农业技术的运用，实现农村剩余劳动力的转移，对于增加农民收入和农业现代化的实现具有重要的意义。要充分挖掘农村潜在的人力资源，创新农村教育、农民培训模式，采取学校教育、职业技术教育、专业技术培训、卫生保健和医疗保险等措施。同时，为劳动者提供及时有效的就业信息，创造良好的就业环境，不断增加农民的收入，为农村乃至整个国家的现代化创造条件。

朱强（2010）[3] 在分析当前农民增收主流理论预期与现实差异的基础上，提出破解农民收入问题的关键在于全面提升农民素质点，并从农民投入动机入手，反思主流理论和政府政策的不足，从如何树立正确的教育价值取向、完善农村各级各类教育制度、建立合理的教育成本分摊机制和发挥学校、政府及其他社会组织作用等方面提出了切实提升农民素质的政策建议。

4. 农民增收的影响因素

王国敏、曹萍（2002）[4] 从实证与理论结合上分析，指出农民增收缓慢的原因有结构性因素与体制性因素、自然禀赋因素与市场风险因素、人力资源因素与农业科技运用推广因素。

张贵先、胡宝娣（2006）[5] 利用基于扩展的三变量 VAR 模型，考察了 1985—2003 年我国农业经济发展及农民非农就业与农民收入增长的因果关系，指出我国农业经济发展虽然对农民收入增长具有短期的正效应，但不是农民收入增长的原因，而农民的非农就业对农民收入增长具有巨大

① 周绍森、罗序斌：《中部地区农民增收的内生动力研究》，《南昌大学学报》（人文社会科学版）2010 年第 5 期。

② 白云：《基于农民增收视角下的农村人力资源开发探究》，《学术交流》2010 年第 4 期。

③ 朱强：《农民增收与提升农民素质问题研究》，《财经问题研究》2010 年第 8 期。

④ 王国敏、曹萍：《农民增收：从实证分析到理论研究》，《四川大学学报》（哲学社会科学版）2002 年第 5 期。

⑤ 张贵先、胡宝娣：《城乡差距、农民非农就业与农民增收——基于中国的理论分析与实证检验》，《财经问题研究》2006 年第 1 期。

促进作用，是农民收入增长的根本原因。

张文礼、刘海兵（2008）[①] 通过实证分析指出，影响农民收入的主要因素是 CPI、政府对农支出以及农林牧渔从业人员，而理应构成农民收入重要影响因素的农产品价格和农业生产资料价格却不能成为增收的解释变量。

杨青（2009）[②] 指出，制约云南省农民收入增加的主要因素是收入来源渠道单一、种植环境差、地域偏远、交通不便、当地经济落后、缺乏技术、土地贫乏等因素影响。

聂华林、翟彬（2009）[③] 以甘肃省为例，通过对农民收入的构成、来源贡献率及主要收入来源构成等分析，指出农民增收困难的原因在于，传统农业收入占主导地位，而增收效应明显的工资性收入所占比重较小。

吴妍、杨国良、吴晓文（2009）[④] 在对成都市红砂村乡村旅游项目，"花乡农居"景区内从事旅游相关工作的农民进行问卷调查基础上，深入分析了旅游发展与农民收入之间的相关性，指出影响红砂村农民收入的主要因素是农民的"受教育程度"和"宅基地与景区的距离"，并且两因素与收入之间呈线性相关关系。

蒿建华（2010）[⑤] 在对西安市农村实地走访、问卷调查，并借鉴西安市统计局已有的部分资料基础上，对农民收入的现状、收入增长制约因素进行了分析，提出通过增加农民收入，推进社会主义新农村建设的措施。

王宏、韩贵清、佟光霁（2010）[⑥] 对农民增收的影响因素进行多元线性回归分析指出，农业结构调整、改善财政支农结构、加大对农民教育的扶持、促进农村劳动力转移等是促进农民增收的有效途径。

王燕、郭焕书（2010）[⑦] 指出，影响农民增收的主要原因在于农民被

① 张文礼、刘海兵：《建立财政政策支持的农民增收长效机制》，《农业技术经济》2008 年第 2 期。

② 杨青：《增加财政投入，促进云南农民增收》，《调研世界》2009 年第 12 期。

③ 聂华林、翟彬：《基于收入结构视角的西部地区农民增收问题研究》，《经济纵横》2009 年第 11 期。

④ 吴妍、杨国良、吴晓文：《成都市红砂村乡村旅游发展对农民增收的影响因素分析》，《四川师范大学学报》（自然科学版）2009 年第 5 期。

⑤ 蒿建华：《新农村建设中农民增收问题的调查研究》，《生产力研究》2010 年第 8 期。

⑥ 王宏、韩贵清、佟光霁：《促进农民增收的实证分析》，《学术交流》2010 年第 8 期。

⑦ 王燕、郭焕书：《基于供应链理论的农民增收问题的研究》，《改革与战略》2010 年第 8 期。

排斥在供应链之外、农产品产业链短、基层农业信息化建设滞后和物流运输设备落后。

王宏、王溪洁（2011）[1] 利用1995—2008年我国农业发展的时间序列数据，作农民收入主要影响因素的实证分析，对农民收入结构进行主成分分析，得出我国农民收入主要来源于生产性收入，并指出农业结构调整、改善财政支农结构、加大对农民教育的扶持、促进农村劳动力转移等是提高我国农村居民收入的有效途径。

程选、康慧（2012）[2] 通过对山西省农村人均年纯收入与城镇化率之间关系进行实证分析指出，城镇化率是山西省农民增收的重要推动因素。

官波、舒昌俊（2013）[3] 在国家财政支农视角下，通过对农民增收影响因子的灰色关联度的计算和排序，得出支援农村生产支出和各项农业事业费对农民收入影响最大，其他依次为四项基本补贴和农业社会事业发展支出。

杜婕、霍焰（2013）[4] 指出，促进农民增收的根本因素是农业产业的发展，农村劳动力转移和农户储蓄率虽然短期内可显著提高农民收入，但存在负面的滞后影响，农村金融机构信贷比率以及财政支农力度的不足加重了农户负担。

5. 不同地区与农民增收

罗蓉、陈彧、谢宝剑（2006）[5] 基于对贵州省农民增收情况的实地调查，分析了贵州省农民收入现状和农民增收的特点、制约贵州省农民增收的"瓶颈"因素。

赵峰、王玲俐（2006）[6] 指出，工资性收入和种植业收入是四川农民收入的主要来源。

---

① 王宏、王溪洁：《农民增收主要影响因素的实证分析》，《求是学刊》2011年第2期。
② 程选、康慧：《城镇化水平对农民收入增长影响的关系研究——基于山西的调查分析》，《经济问题》2012年第8期。
③ 官波、舒昌俊：《灰色系统理论下农民增收的影响因素研究——基于国家财政支农视角》，《湖北农业科学》2013年第2期。
④ 杜婕、霍焰：《农村金融发展对农民增收的影响与冲击》，《经济问题》2013年第3期。
⑤ 罗蓉、陈彧、谢宝剑：《西部民族地区农民增收的现状分析——贵州省农民增收的实证研究之一》，《农村经济》2006年第7—8期。
⑥ 赵峰、王玲俐：《非农化：西部地区农民增收的基本路径——基于四川省农民增收的个案分析》，《农村经济》2006年第6期。

周克全（2008）① 指出，居住分散、观念落后、缺乏发展经济的内在驱动力等是影响西部农民增收的主要原因，要从政府主导式的人口有效集中入手进行小城镇建设，实现农村劳动力就地转移等是西部农民增收的主要途径。

刘颖、许为（2008）② 对武汉市农民增收与都市农业可持续发展的互动关系进行了实证分析，指出武汉市农民增收与都市农业可持续发展之间存在一种双向的、互为因果的互动关系。

贺德方、王国振、杨全社等（2009）③ 结合在河南和河北的实地调研情况，总结了两省当前促进农民增收的主要做法及存在的问题，阐述了国际金融危机对我国农民收入增长产生的负面影响，提出从宏观制度建设、市场环境改善和农民培训三个层面探讨了继续推动农民增收的政策建议。

孟宏斌（2010）④ 指出，西部省份可以立足当地特色农产品的资源优势，通过组建农产品专业合作组织、发展壮大龙头企业、规范农业企业利益联结机制等途径，最终促进西部农民收入的稳定增加。

邹志强（2010）⑤ 基于 2008 年福建莆田市四区一县 25 个村的农民调查数据，通过建立多元线性回归模型分析农民增收的显著性影响因素，提出了挖掘农民增收潜力、拓宽增收渠道的对策。

张太宇、常明哲（2010）⑥ 通过对辽宁省沈阳市农民收入状况的调查，分析沈阳市农民收入的特点，找出制约农民增收的因素，并提出相应的对策。

鲍宏礼（2010）⑦ 指出，经济欠发达地区在"两型社会"建设过程

① 周克全：《关于西部现代农业和农民增收问题的思考》，《国家行政学院学》2008 年第 2 期。

② 刘颖、许为：《武汉市农民增收与都市农业可持续发展的互动关系研究》，《统计与决策》2008 年第 4 期。

③ 贺德方、王国振、杨全社、段学智、杜英民、康金城、郑德刚、王静波：《国际金融危机影响下农民增收对策研究》，《中国软科学》2009 年第 8 期。

④ 孟宏斌：《优势、合作与增收：西部特色农产品加工业促进农民增收研究》，《学术探索》2010 年第 1 期。

⑤ 邹志强：《影响农民增收因素的实证分析——以福建莆田为例》，《南京社会科学》2010 年第 3 期。

⑥ 张太宇、常明哲：《促进东北地区农民增收的个案研究》，《经济纵横》2010 年第 7 期。

⑦ 鲍宏礼：《经济欠发达地区"两型社会"建设与农民增收问题分析》，《广西社会科学》2010 年第 11 期。

中，应推行农业清洁生产，缓解资源压力、做好"生态农业"发展规划、提高农产品的科技含量、增强农村"两型社会"建设的资金支持力度。

胡红霞、王俊程、赵发员（2010）[1] 指出，边境民族地区促农增收的难点在于产业基础薄弱、潜在资源得不到有效开发、乡镇企业发展滞后等，并提出构建促农增收产业支撑体系和发展劳务经济，才能全面提高农民收入。

吕美晔、金高峰（2011）[2] 以长三角沪、杭、苏、锡四市为例，从收入总量、结构、增长速度及城乡差距等方面入手对发达地区农民收入的现状与特点进行了总结。

汪晓文、何明辉、杨光宇（2012）[3] 利用 1999—2008 年省际面板数据，分别从全国及东、中、西部三个区域对中国农村经济开放、农业生产效率提高与农民增收之间的关系进行实证分析，指出农村经济开放、农业生产效率提高对农民增收有促进作用，但是这种促进作用存在显著的区域性差异。

张英（2013）[4] 从陕西关中各地区农业发展模式入手，运用模糊层次分析法分析关中五区农业发展模式和农民收入状况，从比较优势角度分析不同地区农业发展模式差异及其对地区农民增收的影响。

徐世平（2012）[5] 以甘肃省"两州两市"为例，说明中国最贫困地区农民收入的基本情况，分析农业结构调整、农业自身发展、农村面貌改善、农民收入状况和社会事业发展对农民增收产生的影响。

葛斐（2013）[6] 结合对改革试点杭州市江干区的调研，运用双重差分模型分析该区 23 村社 2003—2011 年的相关社会经济数据，得出结论认

---

① 胡红霞、王俊程、赵发员：《边境民族地区农民增收的难点与对策探析——以滇东南为例》，《华东理工大学学报》2010 年第 5 期。

② 吕美晔、金高峰：《发达地区农民增收长效机制研究——基于沪杭苏锡四市的实证分析》，《现代经济探讨》2011 年第 4 期。

③ 汪晓文、何明辉、杨光宇：《农村经济开放、农业生产效率提高与农民增收——基于省际面板数据的实证分析》，《江西财经大学学报》2012 年第 5 期。

④ 张英：《陕西关中地区不同农业发展模式下的农民增收分析》，《开发研究》2013 年第 1 期。

⑤ 徐世平：《中国最贫困地区农民增收研究——以甘肃省"两州两市"为例》，《中国农业资源与区划》2012 年第 2 期。

⑥ 葛斐：《浙江省江干区村级集体经济股份合作制的农民增收效应研究——基于双重差分模型的估计》，《中国农学通报》2013 年第 2 期。

为，村级集体经济股份合作制在实施当年及之后的 3 年内，促进农民增收的正向作用显著，但在随后年份中增收效果逐年降低且影响作用在统计上均不显著，表明村级集体经济股份合作制的持续增收效应不明显，其原因可能是村级集体经济股份合作社与农民之间缺乏公平合理的利益分配机制，应在确保促进公共利益增长的同时，重视利益分配机制的公平合理性以切实增加农民收入。

李芳、卢雪梅（2013）[1] 通过收集新疆凉州户镇与农民增收相关的一手资料，并结合该镇的农民增收实际状况，选取了影响农民增收的农民劳动力素质、农民劳动力转移、农业生产状况、农村机械化程度、农民消费等方面进行分析。

6. 农业发展与农民增收

匡远配、汪三贵（2006）[2] 指出，影响农民增收的深层次矛盾还没有从根本上得到解决，持续快速增长的内生机制仍没有形成，脆弱性和波动性较大，区域细分和长效因子分析基础上的阶段性分析等仍是一个空白，扶持建立农民增收长效机制的指导性框架尚未形成。

龙海明、林胜（2007）[3] 指出，我国财政支农投入促进农民增收效应明显，应进一步扩大财政支农投入规模，合理调整财政支农投入结构，优化财政支农投入方式，以促进农民收入水平的提高。

吴照云、朱丽萌（2007）[4] 依据科学性和适度性、激励性和造血性、义务与权利对等、农民与市民平等的原则提出，粮食主产区农民增收政策应包括政府管理支持系统、农业产业政策支持系统、法律制度支持系统、财税政策支持系统、金融政策支持系统、技术创新支持系统、信息化支持系统、城镇化推进支持系统和农村社会事业发展支持系统九大支持系统。

刘颖、许为（2008）[5] 从静态机制和动态机制两个方面分析了都市农

① 李芳、卢雪梅：《新疆多民族地区农民增收途径探讨——以昌吉凉州户镇为例》，《黑龙江民族丛刊》2013 年第 5 期。

② 匡远配、汪三贵：《构建农民增收长效机制问题研究综述》，《学术交流》2006 年第 1 期。

③ 龙海明、林胜：《我国财政支农投入促进农民增收的实证研究》，《湖南师范大学社会科学学报》2007 年第 6 期。

④ 吴照云、朱丽萌：《粮食主产区农民增收国家支持体系构想》，《农业经济问题》2007 年第 7 期。

⑤ 刘颖、许为：《都市农业可持续发展与农民增收互动机制的探讨》，《中国人口·资源与环境》2008 年第 4 期。

业可持续发展与农民增收的互动机制，论证了都市农业可持续发展与农民增收在追求经济持续性上协同，农民短期收益最大化与都市农业生态可持续发展存在竞争。

王希文（2009）[①] 借鉴西方经济学理提出，农民增收的途径有：一是通过农民拥有的四大要素的数量和质量的改变来提高其要素收入；二是通过改变农产品弹性来提高农民收入；三是通过转化农产品的市场结构来增加农民收入。

侯明利（2009）[②] 通过博弈分析指出，我国政府出台的以对农民直接支付为主的粮食补贴政策在解决二者的协同问题中扮演重要角色。

索国勇（2009）[③] 通过对中药材产业及种植现状的调查、分析，找出制约中药材产业发展中的突出问题，着眼于中药材产业的可持续发展，实现中药资源优势向中药产业化转向，为全省产业结构调整，并为中药材产业做大做强和建立农民增收保障机制方面提出了有实际参考价值的政策建议。

向佐谊（2010）[④] 指出，张家界农村流通产业的发展对于促进该区域农民增收发挥了重要作用，但促进效应不明显，并且缺乏可持续性。

李传殿（2011）[⑤] 从总量、结构和区域三个方面，分别运用对数模型和面板数据模型对江苏省财政支农投入支持农民增收的绩效进行了评价，指出江苏省财政支农投入对农民增收有一定的作用，但效果不大，且对缩小苏南、苏北农民收入差距没有作用。

詹锦华（2012）[⑥] 采用灰色关联分析方法、回归分析方法、协整检验和格兰杰检验，实证分析农业产业结构中的农业、林业、牧业、渔业和农民人均纯收入之间的关系，并提出了农民增收的政策建议。

① 王希文：《西方经济学中的几个理论对我国农民增收的启示》，《调研世界》2009 年第 10 期。

② 侯明利：《粮食补贴政策背景下粮食安全和农民增收的协同研究》，《河南师范大学学报》（哲学社会科学版）2009 年第 3 期。

③ 索国勇：《建立中药材产业发展机制、促进农民增收——以甘肃省为例》，《开发研究》2009 年第 5 期。

④ 向佐谊：《张家界农村流通产业发展与农民增收研究》，《湖南社会科学》2010 年第 3 期。

⑤ 李传殿：《江苏财政支农投入对农民增收的绩效评价》，《学海》2011 年第 5 期。

⑥ 詹锦华：《福建省农业产业结构调整与农民增收的关系分析》，《安徽农业科学》2012 年第 31 期。

丁忠兵（2013）[1] 从农业增加值分配视角检验农业增长与农民增收之间的协调性，一是分析 1990—2011 年我国农民的农业经营收入占第一产业增加值比重的变化情况；二是建立 1990—2011 年全国 31 个省区市的农民收入与第一产业增加值的面板数据模型，指出我国农业增长与农民增收之间的协调性在不断下降，农业增长对农民收入增长的贡献降低不仅缘于农业增长速度低于其他产业增长速度，还缘于农民分享农业增长成果（所创造的增加值）的比例在不断下降。

方志红（2013）[2] 通过对湖南 2001—2011 年的粮食价格、农民收入和 CPI 等数据进行研究，分析粮食价格的走势特征、主要影响因素，建立多元线性回归模型，分析粮食价格与农民收入、CPI 的计量关系，并在此基础上提出相关政策建议。

雷志敏（2013）[3] 利用新型农村金融体系改革作为虚变量研究了金融发展对于农民收入增加和农村贫困率减少的影响及其作用机制，特别考察了金融体系改革对于金融发展作用于农民收入增加的水平和结构效应，指出金融发展显著促进了农民收入增加和农村贫困率的减少，金融体系改革对于金融发展的促进机制不仅具有显著的水平效应，而且具有显著的结构效应。此外，农村基础设施的完善虽然对于农民增收没有显著的促进作用，但是自然灾害的发生对于农村贫困的发生率却具有显著的促进作用。

谭蓉（2013）[4] 从总量和结构视角出发，采用扩展的双对数模型分析测定财政支农支出对农户增收的贡献度，从而提出优化我国财政支农支出，促进农民增收的对策建议。

7. 农民增收的其他问题

杨冬民（2008）[5] 指出，日本农民增收的成功经验对探讨实现我国农民增收的出路具有重要的启示。姜长云（2013）[6] 指出，从中长期趋势来

① 丁忠兵：《农业增长与农民增收的协调性检验——基于中国 31 个省区市面板数据的分析》，《青海社会科学》2013 年第 3 期。

② 方志红：《粮价波动对农民增收及 CPI 影响的计量分析》，《调研世界》2013 年第 5 期。

③ 雷志敏：《金融发展促进农民增收问题研究》，《理论探讨》2013 年第 4 期。

④ 谭蓉：《基于总量和结构视角的财政支农支出与农民增收实证分析》，《贵州农业科学》2013 年第 2 期。

⑤ 杨冬民：《从日本的经验看我国农民增收的出路》，《东北亚论坛》2008 年第 7 期。

⑥ 姜长云：《中国农民增收现状及其中长期影响因素》，《经济与管理研究》2013 年第 4 期。

看，城镇化、老龄化、信息化和新型工业化、农业发展方式转变、资源和要素资本化及垄断深化、特殊困难地区的扶贫问题等因素，都会对中长期农民增收形成重要影响。李玲（2009）[①] 指出，要想有效实现农民增收，必须走农业适度规模经营之路，要采取大力发展非农产业、放开土地使用权市场、全面提高农民的生产经营素质、发展专业化生产等措施。谭燕芝（2009）[②]、张亦工和胡振虎（2008）[③] 强调农村金融、财政对农民增收的作用。李恒（2006）[④]、李瑞林和陈新（2009）[⑤] 强调外出务工对农民增收的作用。黄俊（2006）[⑥]、柏振忠（2010）[⑦] 强调了农业科技对农民增收的促进作用。任永昌（2007）[⑧]、任晓冬和杨秀美（2008）[⑨] 强调了林业生产对农民增收的作用。白人朴（2004）[⑩] 对农业机械化与农民增收的关系进行研究，提出农民增收的根本是提高劳动生产率、农业机械是提高农业劳动生产率的关键观点。蒋俊毅（2008）[⑪] 在构建农业现代化与农民增收理论框架基础上，利用湖南省近十年农村数据对理论框架进行实证检验，认为理论框架符合经济发展实践。

　　国内的关于农民增收和农业现代化问题研究主要集中在农民增收的趋势、政府财政支持、农业结构调整、政策变化、新农村建设等方面，对于农业现代化与农民增收协同机制的研究比较少，尤其是关于河南省农业现

[①]　李玲：《农村土地规模经营对农民增收的影响及对策分析》，《理论导刊》2009 年第 5 期。

[②]　谭燕芝：《农村金融发展与农民收入增长之关系的实证分析：1978—2007》，《上海经济研究》2009 年第 4 期。

[③]　张亦工、胡振虎：《农村基础设施建设与农民增收研究——一个农业财政资金整合的视角》，《山东大学学报》（哲学社会科学版）2008 年第 2 期。

[④]　李恒：《外出务工促进农民增收的实证研究——基于河南省 49 个自然村的调查分析》，《农业经济问题》2006 年第 7 期。

[⑤]　李瑞林、陈新：《取消农业税后西部地区农民增收问题研究——来自云、贵、川 300 个农户的调查》，《农村经济》2009 年第 8 期。

[⑥]　黄俊：《农业科技在农民增收中的有效供给问题初探》，《科技进步与对策》2006 年第 3 期。

[⑦]　柏振忠：《农业技术引进对我国农业经济增长和农民增收的贡献研究》，《科技进步与对策》2010 年第 4 期。

[⑧]　任永昌：《从林业角度破解四川农民增收难题的思考》，《农村经济》2007 年第 12 期。

[⑨]　任晓冬、杨秀美：《南方集体林区林权制度改革与农民增收的思考》，《农村经济》2008 年第 10 期。

[⑩]　白人朴：《农业机械化与农民增收》，《农业机械学报》2004 年第 4 期。

[⑪]　蒋俊毅：《农业现代化与农民增收：一个新的理论框架》，《农村经济》2008 年第 6 期。

代化与农民增收的研究更少。总之，不同学者的不同研究在实践中对农民增收具有一定的理论指导意义。

第三节 农村现代化与农民增收的关系

农业现代化的目标就是实现传统农业向现代农业的转变，促进农业持续快速发展。农业现代化对农民收入增长的作用，主要通过以下四个方面体现出来：

一 农业机械化

农业机械化，是指运用先进适用的农业机械装备农业，改善农业生产经营条件，不断提高农业生产技术水平和经济效益、生态效益的过程。在农业各部门中最大限度地使用各种机械代替手工工具进行生产。如在种植业中，使用拖拉机、播种机、收割机、动力排灌机、机动车辆等进行土地翻耕、播种、收割、灌溉、田间管理、运输等各项作业，使全部生产过程主要依靠机械动力和电力，而不是依靠人力、畜力来完成。实现农业机械化，可以节省劳动力，减轻劳动强度，提高农业劳动生产率，增强克服自然灾害的能力。

农业机械化起始于资本主义侵入农业以后，其发展在欧美各国一般经历了半机械化阶段、基本机械化阶段、综合机械化（或称高度机械化）阶段。20 世纪 80 年代以来，由于电子计算机等在农业中应用的增多，农业机械化正在向自动化发展。第三世界的国家和地区，只是在第二次世界大战后，才在不同程度上开始使用农业机器。但受政治、经济和技术等因素制约，迄今多数国家（地区）的机械化水平还较低。

机械化是农业现代化重要标志之一，党的十六大以来，制定实施了促进农业机械化发展的一系列法律法规和政策，推动我国农业机械化发展完成了由初级阶段到中级阶段的重大跨越，我国农业生产方式成功实现了以人力畜力为主向以机械作业为主的历史性跨越。2007 年"中央一号文件"指出，要改善农机装备结构，提升农机装备水平，走符合国情、符合各地实际的农业机械化发展道路。机械化水平的提高，直接提高农业生产效率，促使农业增产、农民增收；同时，机械化水平提高，使得单位耕地面积所需农业劳动力减少，农村富余劳动力数量增加，可以通过劳务输出形式间接增加农民收入。

党的十八大报告指出，城乡发展一体化是解决"三农"问题的根本途径，要促进工业化、信息化、城镇化、农业现代化同步发展，让广大农民平等参与现代化进程，共同分享现代化成果。这是关于建立新型工农、城乡关系的科学阐述，标志着我们党对于解决"三农"问题认识的新飞跃。农业机械是发展现代农业的物质基础，是农业科技的物化载体，是用现代工业文明成果武装农业的技术手段。农业机械化是农业现代化的重要标志，是实现农业现代化的必由之路。农机制造业属第二产业，农机作业服务属第三产业，其服务对象是第一产业，农业机械化横跨第一、第二、第三产业，是连接工农、沟通城乡的重要纽带。发展农业机械化有利于促进城乡要素平等交换和公共资源均衡配置，形成"以工促农、以城带乡、工农互惠、城乡一体"的新型工农、城乡关系，是工业化、信息化、城镇化和农业现代化同步发展的必然选择。

使用机器是现代农业的一个基本特征，对于利用资源、抗御自然灾害、推广现代农业技术、促进农业集约经营、增加单产与总产、提高农业劳动生产率、降低农产品成本，以及减轻农民劳动强度和缩小工农差别，都有着重大作用。在社会主义条件下，它还是城乡协作、工农联盟的重要物质基础。

二　农村信息化

农村信息化是通信技术和计算机技术在农村生产、生活和社会管理中实现普遍应用和推广的过程。农村信息化是社会信息化的一部分，它首先是一种社会经济形态，是农村经济发展到某一特定过程的概念描述。它不仅包括农业信息技术，还包括微电子技术、通信技术、光电技术等在农村生产、生活、管理等方面普遍而系统应用的过程。农村信息化包括传统农业发展到现代农业进而向信息农业演进的过程，又包含在原始社会发展到资本社会进而向信息社会发展的过程中。

党的十八大报告提出，"坚持走中国特色新型工业化、信息化、城镇化、农业现代化道路……促进工业化、信息化、城镇化、农业现代化同步发展"。这是我们党在新的历史起点，立足全局、着眼长远、与时俱进的重大理论创新，体现了对走中国特色社会主义道路、加快转变发展方式的新认识、新要求，为加快现代农业发展、推进新农村建设指明了方向。用信息化装备农业，对于加速改造传统农业，促使农业增产、农民增收，实现农业现代化，具有重要的现实意义。信息化水平的提高，可以直接降低农村居民之间以及农村居民与外界之间的信息交流成本，有助于农业科技信息与农业生产信息的交流与传播，从而提高农业生产力水平，实现农民增收。

加强农村一体化的信息基础设施建设，创新服务模式，启动农村信息化示范工程。2005 年中央首次在"中央一号文件"中提出有关农业信息化方面的问题，指出"加快生物技术和信息技术等高新技术的研究"，要"加强农业信息化建设"。国家之所以一再强调农村信息化的重要性，是因为我国部分农村地区网络使用的基础条件还很匮乏，尤其是中西部农村地区使用网络意识相对落后，网络使用的增长条件和空间依然不足。

2006 年"中央一号文件"强调，要积极推进农业信息化建设，充分利用和整合涉农信息资源，强化面向农村的广播电视电信等信息服务，重点抓好"金农"工程和农业综合信息服务平台建设工程。

2007 年"中央一号文件"强调，要健全农业信息收集和发布制度，推动农业信息数据收集整理规范化、标准化。加强信息服务平台建设，深入实施"金农"工程，建立国家、省、市、县四级农业信息网络互联中心。

2008 年"中央一号文件"强调，按照求实效、重服务、广覆盖、多模式的要求，整合资源，共建平台，健全农村信息服务体系。推进"金农"、"三电合一"、农村信息化示范和农村商务信息服务等工程建设，积极探索信息服务进村入户的途径和办法。

2009 年"中央一号文件"《中共中央、国务院关于 2009 年促进农业稳定发展农民持续增收的若干意见》分为"加大对农业的支持保护力度"、"稳定发展农业生产"、"强化现代农业物质支撑和服务体系"、"稳定完善农村基本经营制度"、"推进城乡经济社会发展一体化"五部分，重点突出农业发展与促进农民增收，一共五个方面 28 条，每一条都涉及信息化。中国互联网络信息中心最新发布的报告显示，2009 年，农村网民规模达到 1.0681 亿人，占整体网民的 27.8%。

河南省"十二五"规划指出，要充分开发省农业厅、农科院、河南农业大学"三农"信息资源，积极利用科技、气象、粮食等涉农服务网络，搭建省级农业信息服务平台。积极开发农业生产监测预警系统、农产品和农资市场信息服务系统、农村科技信息服务系统等应用系统，推广电视、电话、电脑"三电合一"农业信息服务模式，建立以省、市、县三级信息网络平台为主体，以乡镇农业技术推广服务站、农业企业、专业合作组织信息服务站为服务窗口的信息服务体系。到2015年，力争使河南省农业信息服务实现覆盖最大化、政务网络化、应用平民化、效果最优化，切实解决农业农村信息服务"最后一公里"问题。

农业农村信息化是一个涉及部门众多的综合性、公益性系统工程，工作具有前沿性、专业性、创新性、挑战性，必须由政府主导，统筹协调，科学推进。

三　农田水利化

农田水利是指以农业增产为目的，防治旱、涝等灾害，对农田实施的灌溉和排水工程措施和非工程措施。农田水利的内容包括：中小河流的治理及农田防洪、除涝排水、灌溉、农牧业供水、水土保持、盐碱地改良、围垦、改造沙漠等水利措施。中小河流的防洪措施一般也属农田水利的范围。主要包括灌溉和排水，兼及中小型河道整治，塘坝水库及圩垸建设，低产田水利土壤改良，农田水土保持、土地整治以及农牧供水等。由于各农业地区的自然条件和生产方式千差万别，需要进行农业水利区划和相应的灌排系统规划。农田水利还包括一些具有明显地区特征的类型，如黄淮海平原旱涝碱综合治理、盐碱地改良、圩区水利、牧区水利和垦荒水利等。在干旱、半干旱地区，灌溉是主要的，但为了防治土壤次生盐碱化，也需要排水；在盐碱化威胁较大和开垦盐碱荒地的地区，必须灌排并重，甚至无排水即无灌溉。在湿润、半湿润地区，由于降雨量较多，排水是主要的，但是雨量的季节分布并不完全符合农作物生长的要求，需要进行补充性灌溉。灌溉与排水两者相辅相成，便构成农田水利的主要内容。

水资源是影响农业增产的重要因素之一。新中国成立以来，河南省夏粮共遭遇4次特大冬春干旱：1986年春季受旱3300万亩，粮食减产90亿斤；1988年春季受旱4600万亩，粮食减产84亿斤；1999年春季受旱3700万亩，粮食减产76亿斤；2009年的冬春连旱，受灾面积5500万亩。2007年，在小麦生产的关键期，河南全省出现大范围、持续性的高温酷热和大风天气；7月中上旬，淮河流域遭遇了自1954年以来的最大洪水；7月底，豫西地区发生严重山洪灾害，农作物受灾面积906千公顷，绝收面积165千公顷。

2007年"中央一号文件"将抓好农田水利建设，作为加快农业基础设施建设，提高现代农业设施装备水平的重要措施。

2008 年"中央一号文件"又明确指出，加强以农田水利为重点的农业基础设施建设，是强化农业基础的紧迫任务。

随着 2011 年"中央一号文件"的出台，中央水利工作会议对加快水利改革发展做出了全面部署，进一步突出农田水利在保障国家粮食安全、发展现代农业中的基础地位和支撑作用，加快扭转农田水利建设滞后的局面。

由此可见，农田水利与农业发展有密切的关系，农业生产成败很大程度决定于农田水利事业的兴衰，其防治灌溉土地盐碱化、沼泽化和水土流失，研究水利土壤环境的改善，以及碱水、废污水的改造与利用等技术措施对于农业发展的重要作用。完备的农田水利设施，可以调节自然降水的时空分布，保证农田合理排灌，增强农作物抵抗自然灾害的能力，保证农业系统的稳定快速增长，从而实现农民增收。农田水利的原理与实践。

四　农民人力资本化

党的十八大从农民与现代化战略高度提出了让广大农民平等参与现代化进程、共同分享现代化成果这一重要思想，推进城乡发展一体化，实行基本公共服务城乡均等化。这充分说明我国现代化的重点已开始向农村、农民倾斜。而农民的现代化不仅仅体现在经济收入的增加、生活水平和生活质量的提高，更包含农民自身素质的提高。

2007 年"中央一号文件"指出，建设现代农业，最终要靠有文化、懂技术、会经营的新型农民。农民是农业政策的最直接执行者，是农业资源可持续利用的内在动力因素。农民人力资本化，首先，可以直接提高农业科技含量，改进农业生产技术，科学合理地耕种、施肥，提高农业产量，从而实现农民增收。其次，可以提高农民自身竞争力，拓宽农民就业途径，益于农民非农就业，提高农民非农业收入。

农业经济发展是增加农民收入的有效手段，农业现代化作为农业经济发展的核心动力，对增加农民收入起关键性作用。这为河南省农民收入的增加提供了思路，本书通过对河南省农业现代化与农民增收的现状进行研究，并以河南省农业现代化作为研究的切入点，提出在增加农民收入的过程中，农业现代化对农民增收的影响因素。因此，本书提出了以农业现代化开发为基础的农民增收的开发战略，这一战略的实施不仅有利于农业经济的稳定发展，同时对于增加农民收入和保证粮食生产都具有重要的意义。

五　农业产业化

农业产业化是指农业生产单位或生产地区根据自然条件和社会经济条件的特点，以市场为导向，以农户为基础，以龙头企业或合作经济组织为依托，以经济效益为中心，以系列化服务为手段，通过实现种养加、产供销、农工商一条龙综合经营，将农业再生产过程的产前、产中、产后诸环节联结为一个完整的产业系统的过程。它的实质是指对传统农业进行技术改造，推动农业科技进步的过程。这种经营模式从整体上推进传统农业向现代农业的转变，是加速农业现代化的有效途径。

可以说，农业产业化的发展过程就是农业现代化建设过程。一方面，农业产业化促进了农业专业化和规模经营的发展；另一方面，农业专业化和规模经营又促进了农业先进技术和设备的推广应用，促进了农业现代化的进程。需要指出的是，农业产业化模式不是万能的，不同区域采取农业产业化模式时，需要对该模式产生的历史背景、运作机制、绩效评价等进行评价，盲目引进外界模式往往会导致失败。

六　农业环境生态化

从可持续发展的观点看，农业现代化既是人类改造自然和征服自然能力的反映，同时也是人与自然和谐发展程度的反映。农业现代化的一个显著特点就是人工生态系统的产生及普遍存在。这种系统具有双层含义：一方面要求尽可能多地生产满足人类生存、生活的必需品，确保食物安全；另一方面要坚持生态良性循环的指导思想，维持一个良好的农业生态环境，不滥用自然资源，兼顾目前利益和长远利益，合理地利用和保护自然环境，实现资源永续利用。这是落实科学发展观、建立资源节约型社会的要求，也是统筹人与自然和谐的前提。

第四节　研究范围和相关概念界定

一　研究地域界定

河南位于北纬 31°23′—36°22′，东经 110°21′—116°39′之间，东接安徽、山东，北接河北、山西，西连陕西，南临湖北，地处沿海开放地区与中西部地区的接合部，是我国经济由东向西梯次推进发展的中间地带。全省总面积 16.7 万平方公里，居全国各省区市第 17 位，占全国总面积的 1.73%。

河南省下辖 17 个省辖市，21 个县级市，88 个县，50 个市辖区，1841 个乡镇，558 个街道办事处，4105 个社区居委会，47140 个村委会。

结合文章研究内容与数据的可得性，研究范围具体界定如下①：

郑州，现辖 5 市 1 县 6 区。分别是中原区、二七区、管城回族区、金水区、上街区、惠济区，中牟县，巩义市、荥阳市、新郑市、登封市、新密市。

开封市，现辖 5 县 5 区。分别是杞县、通许县、尉氏县、开封县、兰考县，龙亭区、顺河回族区、鼓楼区、禹王台区、金明区。

洛阳市，现辖 1 市 8 县 6 区。分别是偃师市，孟津县、新安县、栾川县、嵩县、汝阳县、宜阳县、洛宁县、伊川县，老城区、西工区、瀍河回族区、涧西区、吉利区、洛龙区。

平顶山市，现辖 2 市 4 县 4 区。分别是汝州市、舞钢市，宝丰县、叶县、鲁山县、郏县，新华区、卫东区、湛河区、石龙区。

安阳市，现辖 1 市 4 县 4 区。分别是林州市，安阳县、汤阴县、滑县、内黄县，文峰区、北关区、殷都区、龙安区。

鹤壁市，现辖 2 县 3 区。分别是浚县、淇县，鹤山区、山城区、淇滨区。

新乡市，现辖 2 市 6 县 4 区。分别是卫辉市、辉县市，新乡县、获嘉县、原阳县、延津县、封丘县、长垣县，红旗区、卫滨区、凤泉区、牧野区。

焦作市，现辖 2 市 4 县 4 区。分别是沁阳市、孟州市，修武县、博爱县、武涉县、温县，解放区、中站区、马村区、山阳区。

濮阳市，现辖 5 县 1 区，分别是清丰县、南乐县、范县、台前县、濮阳县，华龙区。

许昌市，现辖 2 市 3 县 1 区。分别是禹州市、长葛市，许昌县、鄢陵县、襄城县，魏都区。

漯河市，现辖 2 县 3 区，分别是舞阳县、临颍县，源汇区、郾城区、召陵区。

三门峡市，现辖 2 市 3 县 1 区。分别是义马市、灵宝市，渑池县、陕

---

① 参见《河南统计年鉴》(2013)。

县、卢氏县，湖滨区。

南阳市，现辖 1 市 10 县 2 区。分别是邓州市，南召县、方城县、西峡县、镇平县、内乡县、淅川县、社旗县、唐河县、新野县、桐柏县，卧龙区、宛城区。

商丘市，现辖 1 市 6 县 2 区。分别是永城市，虞城县、民权县、宁陵县、睢县县、夏邑县、柘城县，梁园区、睢阳区。

信阳市，现辖 8 县 2 区。分别是息县、淮滨县、潢川县、光山县、固始县、商城县、罗山县、新，浉河区、平桥区。

周口市，现辖 1 市 8 县 1 区。分别是项城市，扶沟县、西华县、商水县、太康县、鹿邑县、郸城县、淮阳县、沈丘县，川汇区。

驻马店市，现辖 9 县 1 区。分别是确山县、泌阳县、遂平县、西平县、上蔡县、汝南县、平舆县、新蔡县、正阳县，驿城区。

济源市，现辖 1 市，济源市。

二　相关概念界定

(一) 农业现代化

农业现代化，就是用现代工业装备农业，用现代科技武装农业，用现代管理经营农业，进而提高土地生产率，提高资源产出率，提高劳动生产率和产品商品率，实现农业的社会效益、经济效益和生态效益的统一。

结合河南省特殊的自然历史地理条件，农业现代化，就是以商品生产基地为建设重点，以农产品加工为重点，以乡镇企业为支柱，形成合理的产业结构，走农村城镇化带动农业现代化的路子，使小城镇成为乡镇企业的有效载体。具体内容如下：

1. 农业机械化

机械化是农业现代化的基础，也是农业现代化的重要标志之一，是指运用先进设备代替传统的农业生产中的手工劳动，在农业生产的各环节中推广大面积采用机械化作业，从而降低劳动的体力强度，提高劳动效率。

机械化水平的提高，对农民增收的影响主要通过两个方面来实现：第一，机械化水平提高，直接提高农业生产效率，促使农业增产、农民增收；第二，机械化水平提高，使得单位耕地面积所需农业劳动力减少，农村富余劳动力数量增加，可以通过劳务输出形式间接增加农民收入。

2. 农村信息化

农村信息化是农业现代化的重要技术手段，是指利用现代化的信息技术和信息系统为农业生产提供强有力的信息支持，以提高综合生产力和经营管理效率的过程。

信息化水平的提高，可以直接降低农村居民之间，以及农村居民与外界之间的信息交流成本，有助于农业科技信息与农业生产信息的交流与传播，从而提高农业生产力水平，实现农民增收。

3. 农田水利化

水资源是影响农业增产的重要因素之一。2007 年"中央一号文件"将抓好农田水利建设作为加快农业基础设施建设，提高现代农业设施装备水平的重要措施。2008 年"中央一号文件"又明确指出，加强以农田水利为重点的农业基础设施建设是强化农业基础的紧迫任务。由此可见，水利设施，对于农业发展具有重要作用。完备的农田水利设施，可以调节自然降水的时空分配，保证农田合理排灌，增强农作物抵抗自然灾害的能力，保证农业系统的稳定快速增长，从而实现农民增收。

水是农业生产的基本因素，是农作物支持系统的基础。河南农业发展最大限制性条件便是水资源的缺乏，因而加快大型灌区续建配套和节水改造，搞好末级渠系建设，进一步改进滴灌技术，完善农田水利设备，实现农田水利化，是河南农业现代化发展的重中之重。

4. 农业产业化

农业产业化是农业现代化的重要内容，是指农业生产以市场为导向，以农户为基础，以龙头企业或合作经济组织为依托，通过实现种产、供、销，农、工、商一条龙综合经营，将农业再生产过程中的产前、产中、产后诸多环节联结为一个完整的产业系统的过程。

农业产业化经营，通过实现农业生产产、供、销一体化经营，使农业生产实现从种子到餐桌的成功链接，减少农业生产过程中诸多信息不对称、供需失衡等脱节现象，进而有助于合理分配农业资源，提高农业生产效率，有助于实现农民增收。

5. 农民人力资本化

农民人力资本化是实现农业现代化的决定因素，农民是农业资源的最直接利用者，是农业政策的最直接的执行者，农民的人力资本化程度，决定农民农业生产中的观念和技术手段。因而没有一支高素质的农民队伍，就不可能实现农业现代化。

农民人力资本化，首先，可以直接提高农业科技含量，改进农业生产技术，科学合理耕种、施肥，提高农业产量，从而实现农民增收；其次，可以提高农民自身竞争力，拓宽农民就业途径，有益于农民非农就业，提高农民非农业收入。

6. 农业生态化

农业生态化，是由一定农业地域内相互作用的生物因素和非生物因素构成的功能整体，是人类生产活动干预下形成的人工生态系统。

推进农业现代化建设必须用现代化的手段保护生态环境，不但不能在农业生产过程中破坏生态环境，而且要大力发展旅游观光农业，使农业生态环境变得更优更美。当前，我国农业化肥、农药的使用量已跃居世界第一，一方面严重影响了农村生态环境、威胁食品安全；另一方面还导致土地沙化、盐碱化等问题，使得农业已成为生态破坏和环境污染的重要行业，正在制约着其自身的持续稳定发展。

农业发展生态化是以生态理论为基础，把现代科学技术成就与传统农业技术的精华有机地结合在一起，把农业生产、农村经济发展和生态环境保护结合起来，最终实现功能齐全、生态合理的新型农业生产体系。

（二）农民增收

农民增收机制是指农村居民在合法产权关系下，利用这种权利关系来自行配置资源、获取资源，并且组织从事生产活动，从而使得自己的收入获得最大化的一种活动方式。从收入分配方式分，可以分为生产型农民增收机制和再分配型农民增收机制。

本书研究的农村居民收入是指农村居民家庭纯收入，指农村住户当年从各个来源得到的总收入相应扣除所发生费用后的收入总和。

第五节　研究假设

结合背景资料，在国内外相关研究基础上，运用农业现代化理论、农民增收理论对河南省农业现代化与农民增收协调发展的几个核心方面予以试探性的解释（也就是假设），具体如下：

第一，河南省的农业现代化和农民增收是一个相互促进、互相支撑的关系。河南省是我国的农业大省，又是我国的粮食主产区，农业现代化和农民增收不同于其他地区，既要做好推进农业现代化发展，又要实现农民收入持续不断地增加，它不仅关系到社会经济的发展、人民生活水平的提高，同时也关系到社会稳定和国家粮食安全。

第二，河南省农业现代化的发展与农民增收没有实现同步发展，没有实现二者的良性循环。河南省农业现代化和农民增收在近年取得了一定成绩，但是与其他地区相比，农业现代化发展和农民增收还存在一定的差距，不仅影响农业生产力的解放，农业科技的推广，同时也会影响到农民收入的增加。如果农业现代化发展和农民增收发展持续缓慢增长，可能会影响到农业的基础地位和农村地区的稳定发展，因此，研究农业现代化与农民增收具有重要的价值。

第三，河南省的农业现代化发展和农民增收的生产要素中，存在某些要素的不足。

第六节　小　结

本章对农业现代化、农民、农民收入、农民增收的关系从理论上进行了分析，并结合河南省具体历史地理条件，进一步界定了本书的研究范围与核心概念，提出了本书的研究假设，为下文各项分析奠定理论基础。

第三章　河南省农业现代化和
农民增收现状

河南省的农业发展在近年来取得了长足的进步，坚持多予、少取、放活的方针，在确保国家粮食安全的前提下，提高农民收入，建立起增加农民收入、发展农业的长效机制，从而进一步推动了农业现代化的发展。

第一节　河南省农业现代化发展现状

近年来，河南省按照统筹城乡发展的要求，坚持多予、少取、放活方针，加大各方面对农村发展的支持力度，建立了以工促农、以城带乡的长效机制，有力推动了农业现代化的发展，主要表现在以下几个方面：

一　农业发展能力

在确保国家粮食安全前提下，以市场为导向，以农民增收为目标，大力发展优质高效经济作物和优质专用粮食作物，调整优化种植业结构。河南省不断加大农业投入，加快科技进步，积极推进农业经济发展方式转变，农业综合生产能力和经济效益稳步提高。

1. 第一产业生产能力不断提高

随着改革开放的不断深入，河南省第一产业①的生产总值②不断增长，

---

① 三产业的划分是世界上较为常用的产业结构分类，但各国划分不尽一致。我国三次产业划分：第一产业是指农业、林业、畜牧业、渔业和农林牧渔服务业。第二产业是指采矿业，制造业，电力、煤气及水的生产和供应业，建筑业。第三产业是指除第一、二产业以外的其他行业。

② 国内生产总值（GDP）是指按市场价格计算的一个国家（或地区）所有常住单位在一定时期内生产活动的最终成果。国内生产总值有三种表现形态，即价值形态、收入形态和产品形态。从价值形态看，它是所有常住单位在一定时期内生产的全部货物和服务价值超过同期投入的全部非固定资产货物和服务价值的差额，即所有常住单位的增加值之和；从收入形态看，它是所有常住单位在一定时期内创造并分配给常住单位和非常住单位的初次收入之和；从产品形态看，它是所有常住单位在一定时期内最终使用的货物和服务价值减去货物和服务进口价值。在实际核算中，国内生产总值有三种计算方法，即生产法、收入法和支出法。三种方法分别从不同方面反映国内生产总值及其构成。

由 1978 年的 64.86 亿元增加到 2012 年的 3769.54 亿元，增长了近 60 倍，并通过转变农业经济增长方式，使三大产业结构发展趋于合理，第一产业生产总值在三大产业中的比重不断下降，由 1978 年在三大产业中比重为 39.8% 下降到 2012 年的 12.74%，产业结构进一步合理有序发展，为农民收入增加提供物质基础。

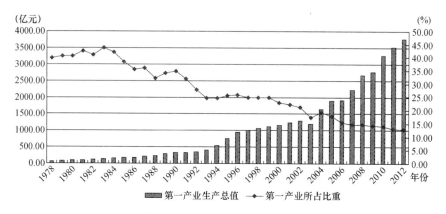

图 3 - 1　河南省农业生产总值和产业比重（1978—2012 年）①

2. 农、林、牧、渔业进一步发展

通过农业经济发展方式的转变，农业的各个方面都取得了很大的进步，这有利于进一步地调整农业经济结构和农民收入的增加。如图 3 - 2 所示，随着农、林、牧、渔业的不断发展和进步，农、林、牧、渔业的结构也在不断调整。

农业 1990 年的增加值②为 251.82 亿元，到 2012 年增长到 2315.8 亿元，林业在 1990 年的增加值为 16.61 亿元，到 2012 年增长到 84.93 亿元，牧业在 1990 年的增加值为 54.08 亿元，到 2012 年增长到 1233.46 亿元，渔业在 1990 年的增加值为 3.26 亿元，到 2012 年增长到 58.29 亿元，增长幅度大、速度快，2012 年农、林、牧、渔服务业增加值也增加到 77.05 亿元。

---

① 数据来自《河南统计年鉴》、《河南六十年（1949—2009）》。

② 农林牧渔业增加值。农林牧渔业增加值是指农、林、牧、渔生产货物及农、林、牧、渔服务业提供服务活动所增加的价值，为农、林、牧、渔业现价总产值扣除农林牧渔业现价中间投入后的余额，是农、林、牧、渔及其服务业各单位生产经营对社会所做的贡献。从宏观上说，农林牧渔业增加值是计算国内生产总值的基础；从微观上说，农林牧渔业增加值能客观反映农林牧渔业各生产单位或行业的投入、产出、效益、速度和收入等情况。

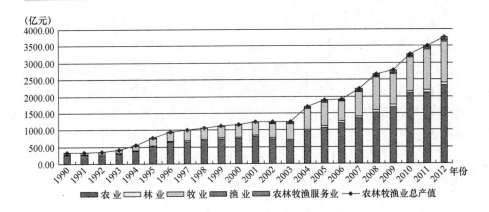

图3-2　河南省农、林、牧、渔业年增加值（1990—2012年）①

二　农业生产情况

1. 农、林、牧、渔业结构进一步优化

农、林、牧、渔业结构在改革开放后得到进一步优化，但也存在一些问题。如图3-3所示，农业增加值在1990年在农、林、牧、渔业总增加值中所占的比例接近80%，到2012年下降为60%左右，比重依然较大；牧业所占的比例由最初的10%左右，到2012年增加到近30%，而林、渔及服务业所占的比例则变化不大。由此可见，在农业结构优化的过程中，农、林、牧、渔业结构进一步优化，但是调整不明显，林、牧、渔及服务业未得到较好的发展，还需要进一步地优化结构。

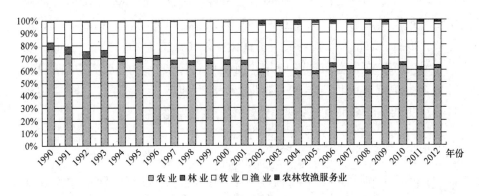

图3-3　农、林、牧、渔业增加值在农业增加值中所占比例

①　数据来源于《河南统计年鉴》（2001—2009年），其中，1978—1985年、1986—1990年的增加值通过增长率模拟得出。

2. 牧渔业进一步发展

近年来，河南省农、林、牧、渔业全面发展，结构不断优化，传统农业向现代农业加速转变，强农惠农政策体系进一步完善，大力实施重大农业建设工程，努力改善农业生产条件，为保持经济平稳较快增长和社会和谐稳定奠定了坚实基础。如图 3 - 4 所示，2012 年河南省肉类产量达到了 677. 35 万吨，是 1978 年的 45. 64 万吨的 12 倍多，其中猪肉、牛肉、羊肉、禽肉的产量①分别达到 432. 5 万吨、80. 44 万吨、24. 75 万吨、122. 21 万吨，与 1978 年相比增长均超过 10 倍以上。

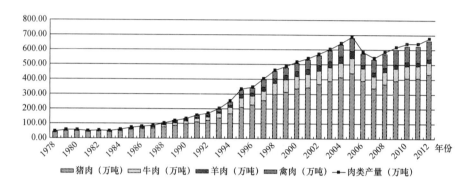

图 3 - 4　河南省猪肉、牛肉、羊肉、禽肉产量

2012 年，河南省禽蛋产量 404. 17 万吨、奶类产量 330. 43 万吨，渔业也进一步发展，丰富了农民生活，水产品产量② 109. 75 万吨，与 1978 年相比，数量、质量和结构均实现了优化增长（见图 3 - 5）。

河南省畜牧业生产持续增长，规模化和标准化养殖水平明显提高，2012 年，河南省大牲畜年底头数③达到 942. 34 万头，其中役畜年底头数 216. 71 万头，猪年底头数达到 4587. 28 万头（见图 3 - 6）。

---

① 猪、牛、羊肉产量主要是指当年出栏并已屠宰、除去头蹄下水后带骨肉（即胴体重）的重量。

② 水产品产量主要是指人工养殖的水产品和天然生长的水产品的捕捞量。包括海水的鱼类、虾蟹类、贝类和藻类以及内陆水域的鱼类、虾蟹类和贝类，不包括淡水生植物。

③ 期初（末）畜禽存栏（只）数主要是指报告期初（末）农村各种合作经济组织和国营农场、农民个人、机关、团体、学校、工矿企业、部队等单位以及城镇居民饲养的大牲畜、猪、羊、家禽等畜禽的存栏数。

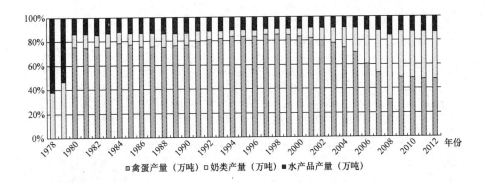

图 3 - 5　河南省禽蛋、奶类、水产品产量

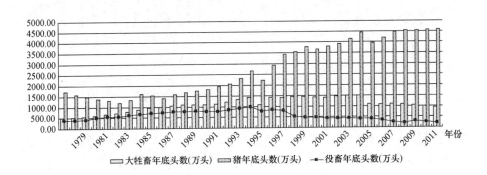

图 3 - 6　河南省大牲畜、役畜、猪年底头数

三　粮食生产情况

1. 粮食生产能力稳定上升

粮食是关系国计民生的重要商品，是关系经济发展、社会稳定和国家自立的基础，保障国家粮食安全始终是治国安邦的头等大事。河南省作为国家的粮食主产区，粮食生产①由 1978 年的 2000 万吨，到 2012 年增加为近 6000 万吨，同时粮食播种面积也由 1978 年的 9000 千公顷增加到 2012

---

① 粮食产量是指全社会的产量。包括国有经济经营的、集体统一经营的和农民家庭经营的粮食产量，还包括工矿企业办的农场和其他生产单位的产量。粮食除包括稻谷、小麦、玉米、高粱、谷子及其他杂粮外，还包括薯类和豆类。其产量计算方法，豆类按去豆荚后的干豆计算；薯类（包括甘薯和马铃薯，不包括芋头和木薯）1963 年以前按每 4 公斤鲜薯折 1 公斤粮食计算，从 1964 年开始改为按 5 公斤鲜薯折 1 公斤粮食计算。城市郊区作为蔬菜的薯类（如马铃薯等）按鲜品计算，并且不作粮食统计，河南省粮食产量中也不包括马铃薯产量。其他粮食一律按脱粒后原粮计算。

年的近 10000 千公顷。从中可以看出主要农产品产量稳定增长，但随着人口总量增加、城镇人口比重上升、人民生活水平提高及农产品工业用途不断拓宽，粮食生产依然是重中之重。

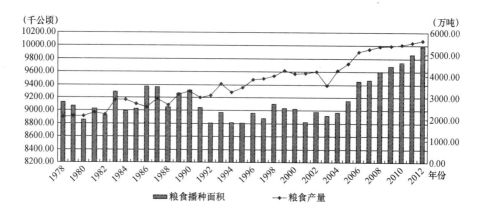

图 3 - 7　河南省粮食播种面积和粮食产量

夏粮和秋粮分别由 1978 年的 910.9 万吨和 1186.5 万吨增长为 2012 年的 3186 万吨和 2452.6 万吨，对于保证我国粮食安全、稳定农业的基础性地位具有重要的作用（见图 3 - 8）。

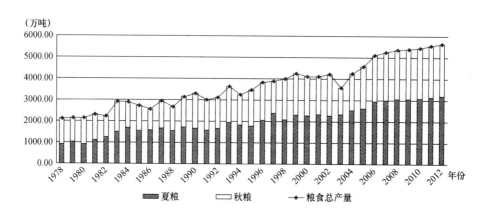

图 3 - 8　河南省粮食总产量、夏粮产量和秋粮产量

稻谷则由 1978 年的 195 万吨增长到 2012 年的 492.55 万吨，小麦则由 1978 年的 868.18 万吨增长到 2012 年的 3177.35 万吨，玉米则由 1978

年的 469 万吨增长到 2012 年的 1747.75 万吨,大豆则由 1978 年的 69.5
万吨增长到 2012 年的 78.13 万吨,四种农产品的产量不同,则使农业经
济结构的调整方向不同,符合市场发展的要求(见图 3 - 9)。

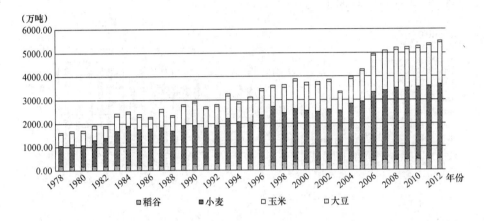

图 3 - 9 河南省稻谷、小麦、玉米、大豆产量

2. 种植结构优化升级

河南省种植业结构在保证市场供应,满足社会需求,增值增效的基础
上,优化种植业结构,可以加快推进农产品基地建设,提高农业综合效
益,促进农民收入持续较快增长。河南省油料、棉花和蔬菜之间的种植面
积的结构比例,棉花种植面积和棉花产量经历了一个先增长后下降的过
程,在 2005 年之后种植面积和产量开始下降,从而改变了单一的粮食种
植结构,扩大了经济作物和其他农作物的比重(见图 3 - 10)。

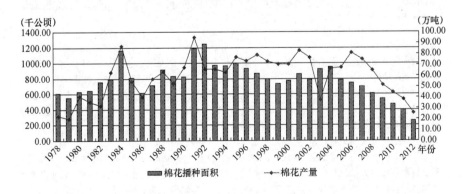

图 3 - 10 河南省棉花播种面积和棉花产量

河南省油料作物①种植结构调整中成为第二大作物，产量在 2012 年接近 600 万吨，种植面积也接近 1600 千公顷。高产油料作物播种面积②的增加，有利于油料总产量的提高，有利于农业经济效益的提高和农民收入的进一步增长（见图 3 - 11）。

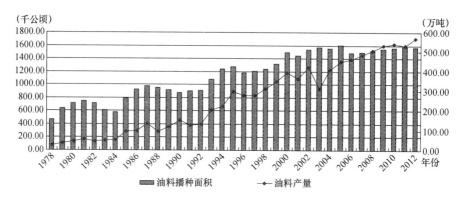

图 3 - 11　河南省油料播种面积和油料产量③

四　农业生产条件

农业现代化的一个基本特征是农业机械化的推广，这对于利用资源、抗御自然灾害、推广现代农业技术、促进农业集约经营、增加单产与总产、提高农业劳动生产率、降低农产品成本，尤其是增加农民收入，都有着重大的作用。

1. 农机总动力④

农业机械化水平的提高，大大减轻了农民的劳动强度，减少了农业劳动力的投入，促进了农业劳动生产率的提高和农业劳动力向非农行业的转

---

①　油料产量是指全部油料作物的生产量。包括花生、油菜籽、芝麻、向日葵籽、胡麻籽（亚麻籽）和其他油料。不包括大豆、木本油料和野生油料。花生以带壳干花生计算。

②　农作物播种面积是指实际播种或移植有农作物的面积。凡是实际种植有农作物的面积，不论种植在耕地上还是种植在非耕地上，均包括在农作物播种面积中。在播种季节基本结束后，因遭灾而重新改种和补种的农作物面积，也包括在内。

③　数据来自《河南统计年鉴》、《河南六十年（1949—2009）》。

④　农业机械总动力是指主要用于农、林、牧、渔业的各种动力机械的动力总和。包括耕作机械、排灌机械、收获机械、农用运输机械、植物保护机械、牧业机械、林业机械、渔业机械和其他农业机械［内燃机按引擎马力折成瓦（特）计算、电动机按功率折成瓦（特）计算］。不包括专门用于乡镇、村、组办工业、基本建设、非农业运输、科学试验和教学等非农业生产方面用的动力机械与作业机械。

移。如图 3 - 12 所示,从 1978—2012 年河南省农用机械总动力由不到 500 万千瓦增长到 3500 万千瓦,与此同时,乡村从业人数也经历了一个先增长后下降的过程,这和农业发展的阶段是一致的,农业机械化程度的明显提高,对于解放农村剩余劳动力,提高农业生产效率,推动农民收入的增加具有重要的意义。

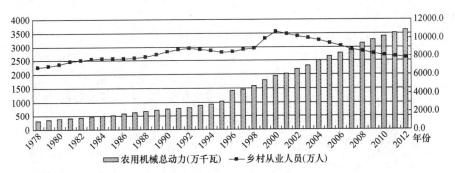

图 3 - 12　河南省农用机械总动力和乡村从业人员

2. 农业科技

农业科技是确保国家粮食安全的基础支撑,是突破资源环境约束的必然选择,是加快现代农业建设的决定力量,具有显著的公共性、基础性、社会性。化肥施用、农药施用、农用塑料薄膜使用量、农村用电量是反映农业科技进步的重要指标,农村用电量也反映了农民在农业生产和生活过程中生产效率的提高和生活水平的进步。如图 3 - 13 所示,农村用电量从 1978 年的不足 13. 25 亿千瓦小时到 2012 年增长到近 300 亿千瓦小时,使用量增长了近 30 倍。

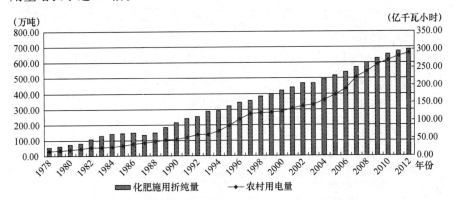

图 3 - 13　河南省化肥施用折纯量和农村用电量

同时，化肥施用折纯量①从 1978 年的 52.54 万吨增长到 2012 年的近 700 万吨，增长了近 14 倍（见图 3 – 13）。农药在农业中也得到广泛的应用，其施用量在 2012 年时超过了 12 万吨，农用塑料薄膜也接近 16 万吨（见图 3 – 14）。这些都对农业经济可持续发展和农民增收具有重要的作用。

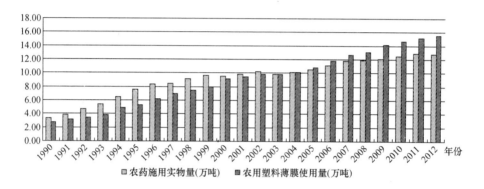

图 3 – 14　河南省农药施用实物量和农用塑料薄膜使用量

3. 农业机械化的推广应用

伴随着农业机械拥有量和总动力的增加，农业机械化程度明显提高，如图 3 – 15 所示，实际机耕面积由 2000 年的 5606.72 千公顷增加到 2012 年的 8971.46 千公顷，机械播种面积由 2000 年的 4647.93 千公顷增加到 2012 年的 9617.48 千公顷，机械收获面积由 2000 年的 4249.81 千公顷增加到 2012 年的 8748.53 千公顷，在一定程度上提高了农业生产率，解放了更多的剩余劳动力，推动了农民进城务工，促进了农民收入的增加。

如图 3 – 16 所示，农田有效灌溉面积②从 2000—2012 年变化不大，机电灌溉面积占有效灌溉面积比重一直维持在 80% 左右，河南的农业机械化已经达到了比较高的水平，增长比较缓慢。

---

① 农用化肥施用量是指本年内实际用于农业生产的化肥数量，包括氮肥、磷肥、钾肥和复合肥。化肥施用量要求按折纯量计算数量。折纯量是指把氮肥、磷肥、钾肥分别按含氮、含五氧化二磷、含氧化钾的 100% 成分进行折算后的数量。复合肥按其所含主要成分折算。

② 有效灌溉面积是指具有一定的水源，地块比较平整，灌溉工程或设备已经配套，在一般年景下当年能够进行正常灌溉的耕地面积。

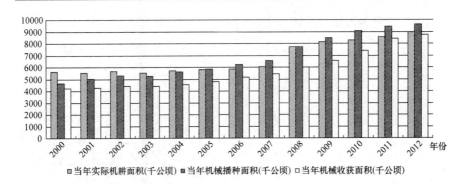

图 3-15　河南省历年农业机耕、机械播种和机械收获情况（千公顷）

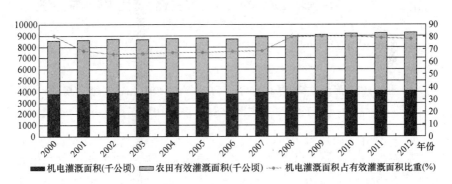

图 3-16　河南省历年农业机电灌溉情况（千公顷）

五　农业信息化发展

农业信息化指信息及知识越来越成为农业生产活动的基本资源和发展动力，信息和技术咨询服务业越来越成为整个农业结构的基础产业之一，以及信息和智力活动对农业增长的贡献越来越加大的过程。农业信息化在本书中用农村居民家庭平均每人生活消费支出中交通和通信的支出替代，因为信息化一方面反映在通信方式的改变上，另一方面反映在交通便捷上，交通和通信的发展可以提高信息化的交流，从而进一步提高农民收入。

1. 通信和交通费用

如图 3-17 所示，2000—2012 年，河南省农村居民家庭平均每人生活消费支出中交通和通信的支出变化，从 2000 年的每百户平均每年消费 56 元增长到 2012 年每百户平均每年消费 525 元，增长了近 10 倍，说明信息化对农民增收的贡献在不断增大。每百户移动电话和固定电话年末拥有量也在增加，由 2000 年的不到 50 部，增长到 2012 年的 200 多部，同时，移动电话接入互联网的数量也由 2000 年的每百户不到 2 部，增长到 2012 年的每百户 26 部，这些都说明经济社会发展给农业、农村、农民带来的信息化发展。

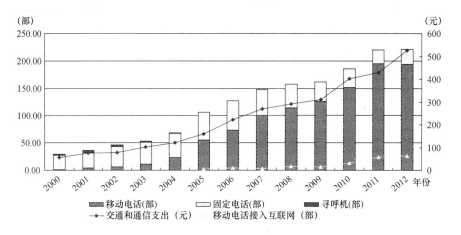

图 3 – 17　河南省农村居民家庭每百户主要通信消费品年末拥有量及
通信和交通费支出情况（2000—2012 年）

2. 电脑和网络的使用情况

如图 3 - 18 所示，2000—2012 年，河南省农村居民家庭每百户电视、电脑及入网情况的年末拥有量，电视的数量从 2000—2012 年变化不大，黑白电视逐渐退出市场，彩色电视成为农村居民主要消费品，但是接入有线电视网的数量依然较低。这和农村地区偏远、部分农民不愿意增加接入有线电视网的费用有关。同时，电脑作为新时期获取信息量的主要途径在不断增加，到 2012 年每百户电脑在年末拥有量已经达到 20 台，并且有 16 台接入互联网，对于农民使用电脑和网络获取信息具有重要作用。

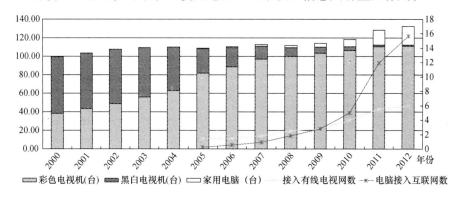

图 3 – 18　河南省农村居民家庭每百户电脑和电视及网络使用情况（2000—2012 年）

第二节 河南省农民增收发展现状

一 农民生活水平

1. 农民人均纯收入

农民人均纯收入是指按人口平均的纯收入水平，反映的是一个地区或一个农户农村居民的平均收入水平。如图 3-19 所示，河南省农民人均纯收入增长柱状图，从 1978 年的 104.71 元增长到 2012 年的 7524.94 元，增长了 70 多倍，这说明改革开放以来农民的人均纯收入在不断地增加，这是农业现代化进一步发展的物质基础。但是，与城镇居民家庭人均可支配收入相比，还是有一定差距的，不仅表现在量的差距上，增长速度上也存在一定的差距，城镇与农村居民家庭人均可支配收入在 1978 年相差 210.29 元，而到 2012 年这个差距则变为 12917.68 元，尽管农民收入在改革开放后取得明显进步，但是城镇与农村收入差距还在不断拉大。

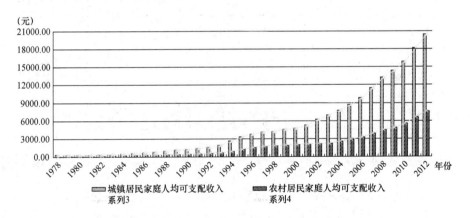

图 3-19 河南省农村居民人均纯收入（1978—2012 年）

2. 恩格尔系数

恩格尔系数[①]是食品支出总额占个人消费支出总额的比重。19 世纪德

---

① 恩格尔系数是指食物支出金额在消费性总支出金额中所占的比例。计算公式为：恩格尔系数 = 食品支出金额/消费性总支出金额 × 100%，城乡居民在食用方面的支出越大，恩格尔系数就越高，表明人们的生活水平低；反之，随着人们生活水平的提高，城乡居民在食用方面的支出少，恩格尔系数越来越小。

国统计学家恩格尔根据统计资料，对消费结构的变化得出一个规律：一个家庭收入越少，家庭收入中（或总支出中）用来购买食物的支出所占比例越大，随着家庭收入的增加，家庭收入中（或总支出中）用来购买食物的支出比例则会下降。推而广之，一个国家越穷，每个国民的平均收入中（或平均支出中）用于购买食物的支出所占比例就越大，随着国家逐渐富裕，这个比例呈下降趋势。

如图 3 - 20 所示，河南省农村居民的恩格尔系数从 1978 年的 60.8% 下降到 2012 年的 33%。农村居民家庭人均消费支出也在增加，其中，农村居民家庭用于食品的支出也在增加，到 2012 年增加到 1700 元左右，一方面说明，河南省农民的货币支付能力大大增强，从而在满足基本食品消费的同时，有了更多的资金满足其他方面的消费，不断丰富生活内容，提高生活质量；另一方面也说明，农村居民的生活水平不断提高，用于食品的其他方面开始增加，比如禽、蛋、肉等。

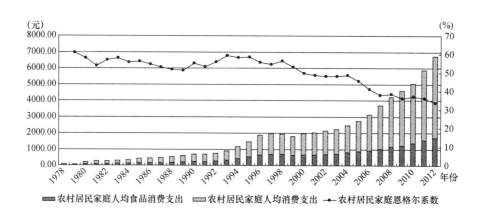

图 3 - 20　河南省农村居民的恩格尔系数变化情况（1978—2012 年）

二　农民纯收入结构

1. 农民人均纯收入①稳定增加

从收入结构看，河南省农民纯收入主要来源是第一产业收入，其次是

---

① 农村居民家庭纯收入是指农村住户当年从各个来源得到的总收入相应扣除所发生费用后的收入总和。纯收入主要用于再生产投入和当年生活消费支出，也可用于储蓄和各种非义务性支出。"农民人均纯收入"指人口平均的纯收入水平，反映的是一个地区或一个农户农村居民的平均收入水平。

外出从业得到工资性收入，农民收入的主体主要在农业生产收入。2000年河南省农民人均纯收入1986元，到2012年人均纯收入增长到7524.94元，其中，工资性收入由2000年的474元增长到2012年的2989元，比重则由23.85%变化为39.73%，占纯收入的比重有所增加，这也是近几年来河南省劳务输出的一个重要表现。家庭经营纯收入由2000年的1427元增长到2012年的3973元，占纯收入的比重则由71.87%下降到52.80%。转移性和财产性收入由2000年的84.9元增长到2012年的562.15元，占纯收入的比重则由4.28%增长到7.47%（见图3-21）。

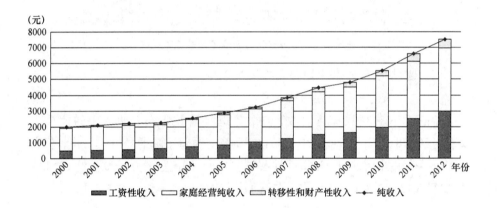

（元）

图3-21 河南省农民纯收入结构

2. 家庭经营纯收入①

由于农村耕地的相对稳定，农业生产技术没有大的突破，农民家庭经营纯收入增长速度受到制约，农业收入依然是河南省农村家庭经营纯收入的主要来源，占65%左右；其次为牧业，近年来的比重有所下降，占10%左右；最后是批发、零售贸易及餐饮业收入所占的比重也在不断地增加，由最初的4.02%增长到7.83%；工业收入和交通、运输、邮电业收入占总收入的3%—4%（见图3-22）。

---

① 家庭经营收入是指农村住户以家庭为生产经营单位进行生产筹划和管理而获得的收入，既不包括借贷性质和暂收性质的收入，也不包括从乡村集体经济组织外获取的转移性收入，如亲友馈赠、财政补贴、救灾救济、退休金、意外所获等。农村住户家庭经营活动按行业划分为农业、林业、牧业、渔业、工业、建筑业、交通运输业、邮电业、批发和零售贸易餐饮业、社会服务业、文教卫生业和其他家庭经营。

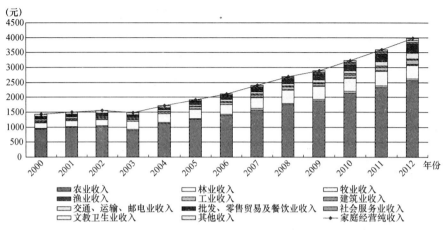

图 3 - 22 河南省农村家庭经营纯收入结构

三 农村居民家庭平均每人总收入结构

1. 农民家庭平均每人总收入①

河南省农村居民家庭总收入中，家庭经营收入在总收入中的比重由 2000 年的 78.29% 下降到 2012 年的 63.04%，尽管下降了 15 个百分点，但在总收入中仍占主要地位；工资性收入在总收入中的比重则由 2000 年的 17.38% 增加到 2012 年的 30.41%，成为农民家庭主要的收入来源（见图 3 - 23）。

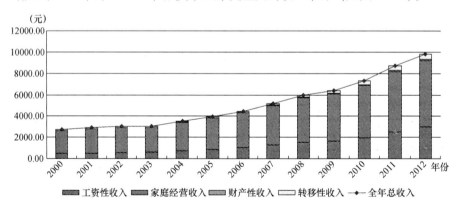

图 3 - 23 河南省农村居民家庭总收入结构

2. 工资性收入

在河南省农村居民工资性收入中，常住人口外出从业得到的收入在工

---

① 农村居民家庭总收入是指调查期内农村住户和住户成员从各种来源渠道得到的收入总和。按收入性质划分为工资性收入、家庭经营收入、财产性收入和转移性收入。

资性收入中的比重最大，占 50% 左右，在本地劳动得到的收入在工资性收入中的比重一直占 30%—40%，在非企业组织中劳动得到的收入在工资性收入中的比重则由 2000 年的 17.92% 下降到 7.21%，说明随着农业生产力的不断提高，更多剩余劳动力被解放出来，外出务工成为农民增收的主要形式（见图 3 - 24）。

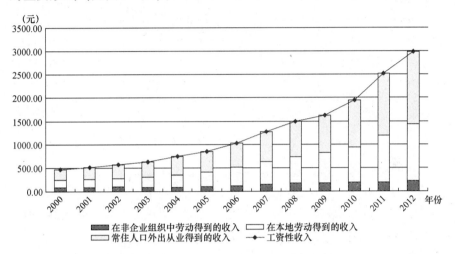

图 3 - 24　河南省农村居民工资性收入结构

3. 家庭经营收入

河南省农村居民家庭经营收入中，第一产业的比重一直占 80% 左右，第二产业的比重则变化不大，第三产业的比重略有上升，增加到 15% 左右（见图 3 - 25）。

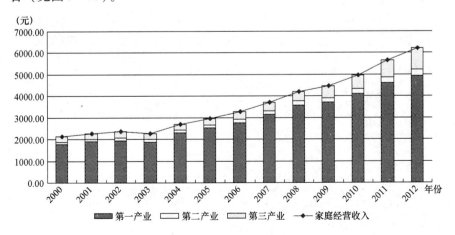

图 3 - 25　河南省家庭经营收入结构

第一产业收入中，又以农业收入所占比重最大，占 70%；其次是物业的收入，占 25% 左右；林业收入和渔业收入近五年变化不大（见图 3 - 26）。

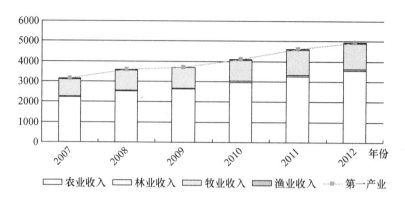

图 3 - 26　河南省家庭经营收入中第一产业的收入结构

第二产业收入包括工业收入和建筑业收入，在近五年的收入结构中，工业收入所占的比重一直保持在 75% 左右。

第三产业收入中，批发和零售贸易、餐饮业收入比重较大，一直占 45% 左右；交通运输、邮电业收入所占比重在 30% 左右；而社会服务业现金收入、文教卫生业现金收入、其他家庭经营现金收入均占 7%—9%（见图 3 - 27）。

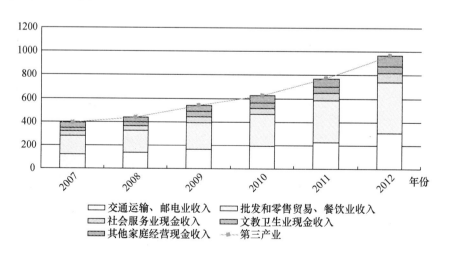

图 3 - 27　河南省家庭经营收入中第三产业的收入结构

四　农村居民家庭平均每人支出结构

1. 农村居民家庭平均每人总支出

如图3-28所示，在农村居民家庭平均每人总支出中，生活消费支出占整个支出比重的60%左右，家庭经营费用支出则占25%左右，购置生产性固定资产支出到2012年已经下降到2%，税费支出和财产性支出到2012年接近于0，转移性支出则从2000年的4.09%增长到7.69%。

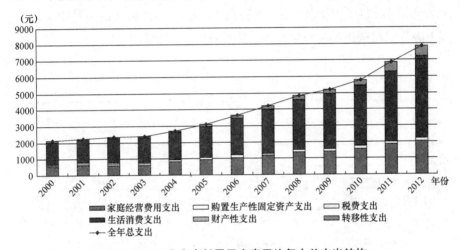

图3-28　河南省农村居民家庭平均每人总支出结构

2. 家庭经营费用支出

如图3-29所示，家庭经营费用支出中，第一产业的费用支出占到85%左右，第二产业费用支出略有增长，从2000年的3%增长到2012年的5%，第三产业费用支出则从2000年的8.96%增长到2012年的11%。同时，税费支出中，第三产业的税费支出略有增长，其他各项费用均没有增长。

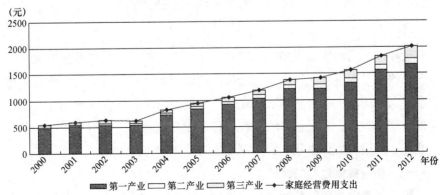

图3-29　河南省农村居民家庭平均每人家庭经营消费支出结构

3. 农村居民家庭平均每人生活消费支出结构

在农村居民家庭平均每人生活消费支出结构中，食品消费的比重从 2000 年的 49.71% 下降到 2012 年的 33.82%，居住消费则由 2000 年的 15.66% 增长到 2012 年的 21.08%，交通和通信消费也由 2000 年的 4.28% 增长到 2012 年的 10.44%，医疗保健、衣着和家庭设备、用品及服务的消费增长稍微缓慢，但是文化、教育、娱乐用品及服务的消费则由 2000 年的 10.11% 下降到 2012 年的 6.83%，说明农村居民精神生活质量在下降，农村适龄学生辍学较多，需要进一步引导和关注。

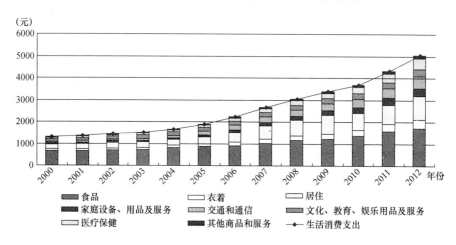

图 3-30　河南省农村居民家庭平均每人生活消费支出结构

第三节　河南省农业现代化和农民增收影响因素分析

近年来，河南省农民增收取得了一定成效。但农民增收难度加大，城乡居民收入差距继续拉大，制约增收的因素仍然存在。本书从农业现代化角度对农民增收进行分析，农业现代化主要是指从传统农业向现代农业转化的过程和手段，主要包括农业机械化、农村信息化、农田水利化、农业产业化、农民人力资本化和农业环境生态化六个方面。

一　农业机械化与农民收入

机械化是农业现代化的重要标志之一，2009 年"中央一号文件"指出，要改善农机装备结构，提升农机装备水平，走符合国情、符合各地实际的农业机械化发展道路。发达国家农业现代化发展经验告诉我们，推进农业机械化发展，对于提高劳动生产率、土地产出率和农产品商品率，实现农业现代化，巩固农业发展的基础性地位都具有重要的作用。

农业机械化，是指运用先进适用的农业机械装备农业，改善农业生产经营条件，不断提高农业生产技术水平和经济效益、生态效益的过程。从发达国家的发展经验来看，实现农业增产、农民增收的关键就在于应用推广先进的生产技术，选用良种、良方，降低农业生产成本，提高农产品质量、数量。这些都是传统的人工作业所无法实现的，因而必须借助先进的农业机械等现代设备、先进的生产技术在农业生产中的应用推广。农业机械化与农民收入、农业现代化的关系主要表现在：

（一）提高自然资源的利用广度和利用效率

自然资源是指自然界能提供的基本物品和功能性的生态资产，如矿产、土地、水和生物多样性以及环境自洁、净化能力等，是经济社会发展的物质基础和约束条件。在我国以前的农业生产中，对自然资源的利用效率较低，通过农业机械化的推广，可以加强节能、节水、节地、资源综合利用，推动循环经济在农业领域的发展。同时，在推进农业机械化的过程中，可以有效利用可再生能源，利用大型风电基地、太阳能光伏并网电站、绿色能源、农林生物质能源基地培育和利用等形势，促进农业经济可持续发展。

（二）抵御自然灾害对农业生产的影响，稳定农业生产

河南是一个人口众多的农业大省，农业具有极其重要的战略地位，然而农业是一个自然再生产与经济再生产交织的产业，受自然因素的影响和自然灾害的危害很大，而农业机械化的推广，可以在一定程度上抵御自然灾害的影响，如旱作机械及灌溉机械的应用，增强了抵御干旱对农业生产的影响；还有联合收割机的使用，减少了雹灾及粮食发芽霉变、鼠吃等损失。另外，由于部分农业机械本身价格较贵，会出现多个农户共同购买一个农业机械并进行共同经营的情况，这就出现了多个经营主体，促进农机发展机制创新，提高农民收入。

（三）促进农业劳动力向第二、第三产业转移

农业机械化的推广应用可以将农业生产中大量劳动力解放出来，农业生产的劳动力被机械化所代替，农村富余劳动力不断增加，使农村富余劳

动力向非农产业和城镇转移，同时也为第二、第三产业的发展准备劳动力条件，这是目前城镇化、工业化、信息化和现代化发展的必然趋势，也是农民增收的重要途径。同时，农业生产季节性强的特点，河南省劳动力表现为"常年有余"、"季节性不足"，农闲务工、农忙种田是其特色，这就要求不断提高农业机械化服务范围，稳定农业生产，扩大就业范围。由此可见，城镇化发展，不仅是促进农民增收的重要途径，也是农业现代化发展的必然趋势。

（四）促进农业和农村经济结构调整

在市场经济条件下，机械化水平提高，可以有效地利用农业资源，大力发展第二、第三产业，逐步加快农业工业化和农村城镇化进程，实现农机服务规模化、专业化，拓宽农产品的销售空间，增加农民收入，加快农业现代化进程。同时，农业机械化水平的提高对于大力发展生态农业，积极发展无公害农业、绿色环保农业，确保农产品的安全，增强农产品的竞争力，扩大植被，保护生态，创造良好的生态环境具有重要的意义。

二　农业信息化与农民收入

党的十八大报告明确指出："信息化是我国加快实现工业化和现代化的必然选择。"用信息化装备农业，对于加速改造传统农业，促使农业增产、农民增收，实现农业现代化，具有重要的现实意义。信息化水平的提高，可以直接降低农村居民之间以及农村居民与外界之间的信息交流成本，有助于农业科技信息与农业生产信息的交流与传播，从而提高农业生产力水平，实现农民增收。

农业信息化是社会信息化的一个方面。首先它是一种社会经济形态，是农业经济发展到某一特定过程的概念描述。它不仅包括计算机技术，还包括微电子技术、通信技术、光电技术、遥感技术等多项信息技术在农业上普遍而系统应用的过程。农业信息化又是传统农业发展到现代农业、进而向信息农业演进的过程，表现为农业工具以手工操作或半机械化操作为基础到以知识技术和信息控制装备为基础的转变过程。从另一种意义上理解，农业信息化是指培养和发展以智能化工具为代表的新的生产力，并使之促进农业发展、造福于社会的历史过程。农业信息化在促进农村经济繁荣和增加农民收入中发挥重要的作用。

（一）农业信息化是实现农民增收的催化剂

由于农产品的需求弹性较低，再加上农产品自身的产品特性，存在储存难、体积大、价值低等问题，这就影响了农民收入的提高。而农业信息化的应用，一方面，可以通过更大的市场来对农产品进行配置，实现农业市场信息的共享，提高农业产品信息的利用程度，有效地提高农业资源信息的利用程度、提高农业生产和农产品销售的经济效益，从而增加农民收入；另一方面，通过信息化可以提高农产品的附加值，改善农产品的生产、流通环节，促进农业生产过程实现自动化、信息化、高效益化。

（二）农业信息化是推动农业现代化发展的重要动力来源

河南省农业在发展过程中一直存在劳动力素质不高、科技利用率较低、市场信息流动不畅、生产技术含量偏低等问题，尤其是农业产业中的劳动力进入第二、第三产业后，从事农业生产的主体人力资本素质下降，进一步造成生产成本增加，资源利用率和转化率低下。农业信息化的发展，一方面可以提高农业信息的流通效率，增加资源使用率；另一方面，通过信息技术的推广，可以推进农业科技创新，提高人力资本水平，并且促进农业产业结构的进一步优化。

（三）农业信息化的发展可以提高农业决策的科学性和有效性

农业系统生产过程本身具有复杂性、动态性、随机性，而且农业生产受气候、资源、人力、经济发展等各个条件影响，农业生产、经营管理和农业现代化的难度较大，因此，农业信息化的发展，可以充分利用信息资源的优势，结合计算机系统的发展，可以减少信息障碍，保证农业生产、经营管理的科学化，带来农业产业升级，改善农业就业结构，有效地促进农村劳动力转移。

（四）农业信息化是农业现代化的重要内容

农业信息化是当代农业现代化的标志和关键，是实现农业现代化的重要支撑条件，它将主导着未来一个时期农业现代化的方向。农业信息化对我国农业经济的发展必将产生巨大的推动作用和深远影响。

三　农田水利化与农民收入

水资源是影响农业增产的重要因素之一。2009 年"中央一号文件"将抓好农田水利建设，作为加快农业基础设施建设，提高现代农业设施装备水平的重要措施。2010 年"中央一号文件"又明确指出，加强以农田水利为重点的农业基础设施建设是强化农业基础的紧迫任务。并要求："建立健全职能明确、布局合理、队伍精干、服务到位的基层水利服务体系，全面提高基层水利服务能力。以乡镇或小流域为单元，健全基层水利服务机构,强化水资源管理、防汛防台、农田水利建设、水利科技推广等公益性职能。"

农田水利基本建设是指运用水利、农业、林业、科技等措施对农田进行综合治理,改变不利于农业生产发展的自然条件,提高农田生产能力,将基本农田建成集中连片、设施配套、高产稳产、生态良好、抗灾能力强、与现代农业生产和经营方式相适应的农田。

(一)农田水利化是农民增收的基础性条件

农田水利是农业生产的重要基础设施,是农村经济社会发展的基本保障条件,农田水利直接关系国家的粮食生产安全、农民的富裕、农村的和谐稳定,是农村生态文明建设的重要支持系统。开展农田水利标准化建设,通过建立和推行科学、统一的建设和管理标准,进一步规范农田水利工作,有利于推进农田水利现代化进程,对于全面提升农田水利设施建设质量和管理水平、增强农业综合生产能力、努力扭转农业主要"靠天吃饭"的局面具有重要意义。由此可见,水利设施对于农业发展具有重要作用。完备的农田水利设施,可以调节自然降水的时空分布,保证农田合理排灌,增强农作物抵抗自然灾害的能力,保证农业系统的稳定快速增长,从而实现农民增收。

(二)农田水利化可以有效地提高农业生产能力

河南省的农业发展一直都在与水旱灾害进行抗争,农业基础薄弱,许多地方靠天吃饭,难以抵抗自然灾害的影响,这些因素都严重制约着农村经济发展和农民生活水平的提高。农田水利化主要通过提、引、蓄、抽等方式给农田提供灌溉,尤其是灌溉效率的高低直接影响农作物的收成和水资源的使用效率,推动旱涝保收、高产稳定的农田建设。同时,农田水利化的发展可以有效巩固农业基础,确保农产品供给,顺利推进工业化、城镇化、信息化和农业现代化发展,促进农民增收,农村稳定,保持整个社会的长期稳定,支撑国民经济的快速增长。

(三)农田水利化可以有效解决农村饮用水,提高生活质量

河南是农业大省、人口大省,受自然、地理、经济和社会等条件的制约,农村饮水困难和饮水不安全问题突出,很多地区由于水资源匮乏导致取水困难,很多地区的地下水资源由于受到地质条件的影响、周边设施的污染及开矿等人类活动的影响,导致地下水中氟、砷、铁、锰等含量以及氨、氮、硝酸盐、重金属等指标严重超标,必须经过多重净化处理才能满

足饮水卫生安全要求。通过建立饮用水源保护区制度，实施地下水保护行动计划，加快河流生态修复、雨洪利用、地下水补源和替代水源工程建设，遏制平原漏斗区地下水水位下降和漏斗面积扩大趋势，提高农民生活质量，解决农村饮用水问题。

四　农业产业化与农民收入

农业产业化是通过实现农业生产产、供、销一体化经营，使农业生产实现从种子到餐桌的成功链接，减少了农业生产过程中的诸多信息不对称、供需失衡等脱节现象，有助于合理分配农业资源，提高农业生产效率，进而实现农业产量增加，农民收入增长。目前，农业产业化经营已进入由数量扩张向质量提升转变，由松散型利益联结向紧密型利益联结转变，由单个龙头企业带动向龙头企业集群带动转变阶段。

（一）适应农业产业化经营新阶段的需要，加快发展农业产业化集群

以农业优势资源为基础，以若干涉农经营组织为主体，以农业产业化龙头企业为支撑，以相关服务机构为辅助，以加工集聚地为核心，以辐射带动的周边区域为范围，围绕农业相关联产业发展种养、加工和物流，形成上下游协作紧密、产业链相对完整、辐射带动能力较强、综合效益达到一定规模的生产经营群体，实现产、加、销一体化，对提高农业产业化经营质量和效益、加快转变农业发展方式、推进现代农业建设、统筹城乡发展具有重要意义。

（二）发展农业产业化集群是促进农业增效、农民增收的必然选择

发展农业产业化集群，提高农业生产经营组织化程度，把家庭经营生产方式与社会化大生产有效衔接，有利于实现农业向规模化、标准化、专业化和集约化方向发展。依靠农业产业化龙头企业的支撑和带动，发展农业产业化集群，对农业产业区域和农产品加工业进行优化布局，有利于实现农产品就地加工转化，促进农业稳定发展、农业综合效益提升和农民持续增收。

（三）发展农业产业化集群，拉长产业链条，实现生产、加工、运输、仓储、销售链接，有利于农村富余劳动力就地转移和劳动力价值提升，带动农民增收致富

发展农业产业化集群是加快转变农业发展方式的科学途径。在农业产业化进程中，选择与之相适应的产业集群模式，通过培育龙头企业、农民专业合作社、种养大户等新型经营主体，积极引进和推广新技术、新品

种、新工艺、新理念，大力发展农产品加工业和第三产业，有利于带动当地现代农业发展。农业产业化集群的积聚效应，有利于实现区域资源共享，提高土地产出率、劳动生产率和资源利用率；有利于形成区域产业和企业竞争优势，促进企业规模发展；有利于促进涉农企业技术创新，提高企业竞争力；有利于塑造地域品牌，提升品牌化地域产品的知名度，增强区域农业经济竞争力。

（四）发展农业产业化集群是推进"三化"协调发展的重要举措

发展农业产业化集群，有利于实现第一、第二、第三产业融合，走出一条以农业产业化带动新型农业现代化的新路子。在农业产业化集群发展过程中，由于相关产业不断集聚，人口与资本不断向产业区集中，有利于带动农村城镇化和农业工业化。通过农业产业化集群把农业产前、产中、产后融为一体，实现农业与工业、商业、运输业、金融业等产业的紧密结合，有利于增强区域经济发展活力；引导城市资金、人才、技术、信息等要素向农村合理流动，增强以工促农、以城带乡，推动城乡经济社会统筹发展，有利于促进"三化"协调发展。

五 农民人力资本化与农民收入

2009 年"中央一号文件"指出，建设现代农业，最终要靠有文化、懂技术、会经营的新型农民。农民是农业政策的最直接执行者，是农业资源可持续利用的内在动力因素。农民人力资本化，首先，可以直接提高农业科技含量，改进农业生产技术，科学合理地耕种、施肥，提高农业产量，从而实现农民增收；其次，可以提高农民自身竞争力，拓宽农民就业途径，益于农民非农就业，提高农民非农业收入。根据贝克尔关于人力资本投资的定义，学术界认为从宏观层面，人力资本投资主要由教育投资、培训投资、卫生健康投资、人力资本流动投资构成。上述四项投资活动中，前两项是关于如何增加一个人所掌握的人力资本数量，后两项则涉及怎样最有效地利用一个人的人力资本。所以，人力资本投资一般分为教育投资、科学研究投资、卫生医疗投资、劳动力流动投资。

（一）教育投资

即用于正规教育的投资，其主要载体为学校。投资表现形式包括基础教育、中等教育、高等教育以及各种形式社会办学，如函授教育、电视教育、扫盲教育、扶贫教育、老年教育等。其主要作用是使被投资者掌握科学文化方面的知识，增强注意力、记忆力、思维能力以及观察问题、分析问题、解决问题的能力，所以此类教育可使被投资者终身受益。

（二）科学研究投资

即用于科学、技术开发及其应用方面的投资，同时还包括生产产品与提供服务方面的投资。投资表现形式包括职业与技术培训、在职训练、干中学等。其主要作用是使被投资者提高从事职业活动的熟练程度、做事技巧、交往协调能力、创新精神等。

（三）卫生医疗投资

即投资人自身的，包括人的体能、精力、健康的资本。投资表现形式包括两个方面：一是临床服务，指由医院、诊所、保健中心等提供的治疗病患、解除病痛、实施保健等活动；二是包括防疫、饮食卫生、生育保健、消毒进度、环境保护、性病防治在内的公共卫生服务。此类服务能够使被投资者治疗病变、维持和保护人体机能和身体健康。

（四）劳动力流动投资

即用于劳动力进行空间转移所花费的投资。投资表现形式为人的地域性迁移与职业转换的流动费用，以及相关的信息成本，所以此类资本可使被投资者的价值得以充分实现和增值。

六　农业环境生态化与农民收入

农业环境生态化是把农业生产、农村经济发展和生态环境保护结合起来，最终实现功能齐全、生态合理的新型农业生产体系。农业环境生态化，一方面，有助于农业稳定地可持续发展，从长期来说可增加农民收入。另一方面，可以保证农业生产不受污染，农业产品质量安全，提高农产品质量，增加农民收入。

农业环境生态化是通过生态环境自身的生态发展，对影响农业生物生存和发展的各种天然的和经过人工改造的自然因素产生影响，包括农业用地、用水、大气、生物等，并对由气候、土壤、水、地形、生物要素及人为因子所组成的农业环境产生影响，实现农业经济增长与环境压力的脱钩、人类与自然的互利共生，使农业环境向生态化方向发展。

农业环境生态化通过生物措施、工程措施和自然修复的力量，减少石油等外界资源的投入，改善农业生产环境和人居环境，通过科学建设，使用生态的方法为农业生产提供条件，转变农业生产方式，用生态的方法促进农业生产的增长，实现农业经济增长与环境改善共同发展。

七　农业现代化与农民增收的作用机制

农业现代化的发展在河南省农民增收中的作用机制分析如图 3 - 31 所示。

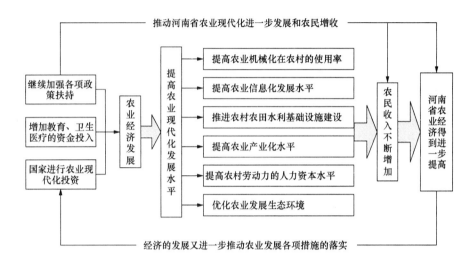

图 3 - 31　河南省农业现代化与农民增收作用机制

（1）在影响河南省农民增收的原因中，除资源环境因素外，机械化水平、信息化水平、水利化布局、产业化水平、农民人力资本化水平与生态环境水平都是可以依靠农业现代化的发展进行改变，并且在短期内取得良好经济效果的因素，也提高了河南省农业发展的综合能力，同时由于农民收入的增加，可以提高河南省农业现代化的水平，并且提高地区粮食生产能力，这为农业与经济可持续发展打下了基础。

（2）按照系统学的观点，河南省农业经济的发展与农民增收之间是一个循环积累的过程，要打破这一循环过程，必须要引入负熵，即依靠政策导向、市场配置的基础性调节作用为河南省的农业经济发展注入动力，包括资金、人才、技术和信息等内容，而这些内容又是以农民收入的提高为基础，因此，农民增收则成为河南省农业经济发展的关键环节。

（3）由于农民增收处于农业经济发展的核心层，农业经济发展的其他因素必须通过以农民增收为核心的生产要素的优化配置才能实现增值。通过提高河南省农民收入水平，进而可以提高其生产效率、适应现代经济发展的能力及外出务工所需职业技术能力，从而促进当地经济的发展，经济发展以后又有更多的资金支持当地基础设施建设、发展教育文化、提高人口素质，缓解农业发展的压力；伴随着经济的发展，市场发展所需要的制度环境会进一步改善，提高农业经济发展能力，而这些又进一步提高了当地农民收入水平，为未来的经济发展注入了动力，构成新一轮的良性经济循环。

综上所述，通过提高农民收入所获得的农业进步和农业现代化发展，是保持农业经济长期持续增长和增加农民收入的根本动力。

第四节 河南省农业现代化和农民增收问题及原因分析

尽管近年来各地在发展生态循环农业方面进行了积极探索，但从总体来看，河南省农业现代化与农民增收仍处于起步推进阶段，面临诸多内在和外部制约因素。

一 河南省农业现代化与农民增收中的突出问题

（一）农业资金投入不足，基础设施薄弱

河南省用于农业生产的资金投入不足，尤其是偏远农村，农业生产资金更为匮乏。当前，河南省农业发展过程中，机械化程度普遍较低，农业生产大多处于粗放状态，大多以手工耕作为主，科技运用程度低，市场化程度低，大多农作物生产都是自给自足，农民收入微薄。有的偏远地区，甚至还处于传统的耕作模式，连种子、化肥等基本投入都很难保证，灌溉设施缺少，基本靠天吃饭，旱涝灾害的时候，基本是颗粒无收。加之近年来旱情不断，严重制约着农业产出的提高，农民收入的增长，使得部分没有能力投资农业生产所必需的化肥、农药、种子等，进一步导致农业产出的降低，更加贫穷，这些现象严重制约着农民增收的实现和农业现代化进程。

（二）农业生产不具规模，经营方式落后

2014年6月9日，河南省第二次全省土地调查主要数据显示，河南省现有耕地12288万亩，其中基本农田10176万亩。河南省以占全国6.05%的耕地，生产出全国10.15%的粮食，不仅养活了1亿河南人，每年还向全国调出400亿原粮及粮食加工品。尽管河南省耕地面积居全国第三,但人均则从 1996 年的 1.33 亩下降至 2009 年的 1.23 亩,远低于 1.52 亩的全国人均水平。随着人口的增加和适宜开垦的耕地后备资源日趋减少,河南省耕地保护形势十分严峻。此外,人均耕地面积减少,使得河南省农户平均只有 5 亩左右的耕地,农户家庭经营耕地规模太小,不利于机械化大规模作业,限制了农村劳动生产力和农产品商品率的提高,制约着农业现代化的进一步推进和农民增收的实现。

(三)城乡居民收入差距扩大

改革开放以来,河南省农民的人均纯收入不断增加,但与城镇居民家庭人均可支配收入差距依然较大,居民收入绝对差距已由 2000 年的 2780 元扩大到 2011 年的 11590 元,城乡居民收入比由 2.4 扩大到 2.76。城乡居民基本生活服务水平和基础设施差距更为悬殊。农业生产的季节性,导致农村存在大量的季节性剩余劳动力,这些劳动力长期滞留农村,对农村经济发展造成很大的负担。当前,农村上学难、看病难等问题仍然十分突出。

(四)农业发展后劲不足

农业产出的有限性,在很大程度上挫伤了农民生产投资的积极性,也使得农村劳动力、资金由农业向工业、服务业等非农部门聚集,出现了务农人员老龄化,素质低下,农业基础设施退化、耕地撂荒等现象日益突出。近年来,农民人均纯收入中工资性收入增长幅度已经超过了农业收入的增长速度,农民收入增长的主要来源是工资性收入。在这种情况下,农民更不愿意再向农业投资,导致农业发展后劲不足,阻碍了农业现代化的进一步提高。

(五)农民人力资本水平低

河南省农业人口众多,占总人口的八成以上,但是调查显示,在河南省众多农村劳动力中,一半以上的农民都是初中以下文化程度,小学及其以下文化程度的占 37%,不识字或识字很少的占 7%。这就使得农民思想跟不上全国农业科技发展和科技成果推广的需要。加之,城乡收入差距扩大使得农村文化水平相对高的青壮年,大多流向城市,就更使得务农人员知识水平低下,劳动能力不足,他们大多还都存在着传统的小农经济思想,缺乏市场意识,仍处于靠经验种田阶段,农业成果得不到推广,农业机械得不到合理的运用,大大制约农业现代化进程。

(六)农业生态环境脆弱,土地退化严重

近年来,河南省乡镇企业数量的增加与规模的扩大,一方面,为农村剩余劳动力提供岗位，增加了部分农民的工资性收入。另一方面，生产排除的废气、废渣也给农村生态环境带来巨大负担，加之农村居民生态意识淡薄，在农业生产过程过分依赖化肥、农药、地膜、除草剂等农业化学用品，致使土壤酸化、板结，土壤质量下降，地下水污染严重，严重影响了农产品的产出和食品安全。河南省土壤普查数据显示，河南省耕地养分含量有机质平均不到1%，远远低于1.5%的全国平均水平，而且仍有持续下降的趋势，全省一半以上耕地缺钾肥，甚至22%以上的耕地同时缺乏磷肥和钾肥。大多耕地土层较浅，土地保水保肥能力逐年下降，耕地退化、恶化现象严重。环境污染、生态破坏等问题的存在，使得近年来水旱灾害频发。

二　河南省农业现代化与农民增收中问题的深层次原因分析

（一）思想观念陈旧

受传统习惯、思维方式等多种因素影响，农民重个体经济利益；轻社会整体效益；重当前土地产出、轻长远持续发展；重数量外延增长，轻质量品质提升的观念还不同程度存在，发展生态循环农业没有成为自觉行动。许多农民一味追求产量，大量使用有机肥料，造成环境污染。垃圾分类和资源化利用、减量化处理较难推行，许多农民对此知之甚少。有的基层干部认为，发展生态循环农业必然要加大投入、增加成本，影响农业经济效益，指导工作没有摆正位置，影响着生态循环农业在面上的推进。

（二）经营方式粗放

从经营规模看，当前小规模、家庭分散式经营仍占主导地位，农业经营规模总体偏小。粗放型的经营方式普遍存在，过分依靠资源物质消耗的增长方式没有根本转变，资源禀赋不足带来土地使用强度过高，难以休养生息。化肥、农药等投入品的过量和不合理使用，以及农业废弃物的再利用不充分，不仅带来利用效率不高，还破坏了土壤结构、农业生态环境和生物多样性。

（三）技术条件落后

农业科技研发力量总体分散，农业生态、环境工程等方面力量薄弱。投入生态循环农业技术研发的人力、财力不足，资源节约高效利用技术、清洁生产技术、废弃物综合循环利用技术、农业面源污染治理技术有待进一步突破，特别是农艺、农技与环境工程技术的配套集成滞后。农民科技文化素质与发展生态循环农业的要求还有较大差距，生态循环农业有效模式的推广应用有限。农业社会化服务体系发育滞后,农产品生产、加工流通等环节废弃物的收集、加工处理、资源化利用还没有形成完整的产业链条,制约着生态循环农业的健康发展。

(四) 激励机制缺失

有利于生态循环农业发展的法律制度、政策体系和激励机制还不健全。农业生产经营活动对资源消耗、环境影响方面缺少可操作性的评价、监督和制约措施。支持循环农业发展的政策没有形成体系,导向作用、补偿机制、激励效应不够有力,政府资金投入力度有待加大。农产品优质优价机制没有全面形成,生态循环农业产生的社会和生态效益没有形成经济价值,影响农业生产经营主体的积极性。

第五节 小 结

本章从河南省农民增收问题入手,根据农业现代化内涵,结合河南省地域特色以及农业发展状况,对河南省农业现代化发展和农民增收现状进行分析评价,并深层次分析了农业现代化与农民增收发展进程中存在的突出问题与问题存在的原因,为下文提供现实基础。

第四章 河南省农业现代化和农民增收模型分析

为了准确分析各种生产要素在经济增长中的作用，需要建立相应的经济增长与要素变量之间的关系模型。在特定技术条件下，把投入转化为产出的过程表现为生产过程中生产要素的投入量与产出量之间的数量关系。因此，要通过C—D函数建立模型分析河南省农业现代化与农民增收之间的关系，找出影响农民增收的关键因素。

第一节 河南省农业现代化概述

农业现代化的目标就是实现传统农业向现代农业的转变，促进农业持续快速发展。农业现代化对农民收入增长的作用，主要是通过农村信息化、农业机械化等方面体现出来。

（1）信息化水平的提高，可以直接降低农村居民之间以及农村居民与外界之间的信息交流成本，有助于农业科技信息与农业生产信息的交流与传播，从而提高农业生产力水平，实现农民增收。

（2）机械化水平提高，直接提高农业生产效率，促使农业增产、农民增收；同时使得单位耕地面积所需农业劳动力减少，农村富余劳动力数量增加，可以通过劳务输出形式间接增加农民收入。

（3）农田水利化，完备的农田水利设施，可以调节自然降水的时空分布，保证农田合理排灌，增强农作物抵抗自然灾害能力，保证农业系统的稳定快速增长，实现农民增收。

（4）农民人力资本化可以直接提高农业科技含量，改进农业生产技术，科学合理地耕种、施肥，提高农业产量，从而实现农民增收；同时，可以提高农民自身竞争力，拓宽农民就业途径，有益于农民非农就业，提高农民非农业收入。

（5）农业产业化水平，农产品加工企业效益越好，农业发展的龙头企业带动作用越好，农业产业化程度越高。

（6）农业生态化，是由农业环境因素、绿色植物、各种动物和微生物四大基本要素构成的物质循环和能量转化系统，可以提高森林覆盖面积，推进农业生态化进程。

第二节　河南省农业现代化和模型分析

一　生产函数概述

为了准确分析各种生产要素在经济增长中的作用，需要建立相应的经济增长与要素变量之间的关系模型，也就是把生产力要素，即物质资本、劳动力、人力资本等作为自变量，把经济增长作为因变量来确定函数关系，这种函数关系就是所谓的生产函数，即在特定的技术条件下，把投入转化为产出的过程表现为生产过程中生产要素的投入量与产出量之间的数量关系。

20 世纪 20 年代末，美国数学家查尔斯·柯布（Charles Cobb）和经济学家保罗·道格拉斯（Paul Douglas）提出"生产函数"这一名词以来，不断有新的研究成果出现，使生产函数的应用长盛不衰，按照时间顺序，出现了如下生产函数[①]：

1928 年，柯布—道格拉生产函数即 C—D 生产函数；

1937 年，杜兰·道格拉斯函数即 C—D 生产函数的改进型；

1957 年，索洛含技术进步的生产函数；

1960 年，索洛两要素 CES 生产函数；

1961 年，阿罗两要素 CES 生产函数；

1967 年，萨托 VES 生产函数；

1968 年，霍夫曼—萨托边界生产函数；

1971 年，雷万克（Revanker）VES 生产函数；

---

① 任若恩：《计量经济学方法论——关于在中国应用的研究》，中国人民大学出版社 1992 年版，第 93—98 页。

1973 年，乔根森—克里斯滕森超越对数生产函数；

1980 年，三级 CES 生产函数。

其中应用最广泛的是柯布—道格拉斯生产函数，简称 C—D 函数，其一般形式为：

$$Y = f\ (K,\ L)\ = AK^{\alpha}L^{\beta}$$

其中，Y 代表产量，K 和 L 分别代表资本和劳动的投入量，A、α、β 为三个正的参数，并且 $0 < \alpha$、$\beta < 1$。

C—D 生产函数之所以使用最广泛，原因在于：

（1）C—D 生产函数是一个指数函数形式，这类函数在数学上较易处理，如果等式两边取对数，则可变为对数线性形式：$\ln Y = \ln A + \alpha \ln K + \beta \ln L$。

（2）C—D 生产函数的参数 A、α、β 具有明显的经济含义，A 可以看成为一个技术系数，A 的数值越大，既定投入数量所能生产的产量也越大。α、β 分别代表增加 1% 的劳动和资本产量增加的百分比，也就是资本和劳动的产出弹性。

（3）C—D 生产函数是一次齐次的，因此（$\alpha + \beta$）的取值情况就表示生产的规模效益情况。当 $\alpha + \beta = 1$ 时，表示规模收益不变；当 $\alpha + \beta < 1$ 时，表示规模收益递减；当 $\alpha + \beta > 1$ 时，表示规模收益递增。

二　本书采用的模型

综合考虑河南省农民增收的各种影响因素，认为除了资本、劳动力要素外，农业产业化水平、农业生态化两个方面是衡量整个农业现代化发展的指标，一方面，这两个指标的提高可能是综合效果的改善，包括居住环境、生产方式、技术进步等内容，很难找到合适的衡量指标；另一方面，这两个指标对农民收入的增加没有直接的推动作用，农业产业化是一个工业、农业和信息产业综合作用的结果，对社会经济的其他方面也有一定促进作用，农业生态化的发展对于生态环境、资源承载力等有一定的改善，对于农民收入的直接推动作用不明显，因此，在本模型中不引入这两个指标。

农林牧渔业产量、农业生产资料价格指数、农业科技化、农业机械化、农业信息化、农业人力资本化、农业水利化和全要素生产率（TFP）也是相当重要的，因此，在建立模型时，将这几个因素作为一个独立的生产要素提出来，以更加准确地分析各要素对农民增收的贡献。

本书借鉴 C—D 生产函数，以河南省农业从 1978 年以来的经济发展数据为基础，利用分析统计软件，建立河南省农民增收的经济增长的实证分析模型，以分析农林牧渔业产量、农业生产资料价格指数、农业科技化、农业机械化、农业信息化、农业人力资本化、农业水利化和全要素生产率对河南省农民收入的贡献。

在劳动和资本两要素投入情况下的 C—D 生产函数，其表现形式为：$Y = AL^{\alpha}K^{\beta}$。

其中，Y 为产出量；L 为劳动投入量；K 为资金投入量；A、α、β 为待估参数；α、β 的取值范围在 0—1 之间。[①]

建立河南省农民收入增长的实证分析模型为：

$$Y_t = F\ (K_t,\ L_t,\ P_t,\ H_t,\ T_t,\ I_t,\ E_t,\ Z_t,\ S_t,\ t)$$
$$= A\ (t)\ K_t^{\alpha}L_t^{\beta}P_t^{\gamma}H_t^{\delta}T_t^{\theta}I_t^{\omega}E_t^{\xi}Z_t^{\eta}S_t^{\mu}$$

其中：

Y 代表农民收入；

K 代表物质资本投入；

L 代表第一产业劳动力投入量；

P 代表农业生产资料价格指数；

H 代表农业人力资本；

T 代表农林牧渔业产量；

I 代表农业信息；

E 代表农业科技化；

Z 代表水利基础设施；

S 代表农机总动力。

α、β、γ 为三个正的参数，并且满足 $0 < \alpha$、β、$\gamma < 1$，δ、θ、ω、ξ、η、$\mu > 0$，且 $\alpha + \beta + \gamma = 1$；下标时间变量 t 表示不同的时期。

一般地，对 $Y_t = F(K_t,\ L_t,\ P_t,\ H_t,\ T_t,\ I_t,\ E_t,\ Z_t,\ S_t,\ t) = A(t) K_t^{\alpha}L_t^{\beta}P_t^{\gamma}H_t^{\delta}T_t^{\theta}I_t^{\omega}E_t^{\xi}Z_t^{\eta}S_t^{\mu}$，两边取对数并实施全微分可得：

$$\frac{d\ln Y}{dt} = \frac{\partial\ln F}{\partial\ln K}\frac{\partial\ln K}{\partial\ln t} + \frac{\partial\ln F}{\partial\ln L}\frac{\partial\ln L}{\partial\ln t} + \frac{\partial\ln F}{\partial\ln P}\frac{\partial\ln P}{\partial\ln t} + \frac{\partial\ln F}{\partial\ln H}\frac{\partial\ln H}{\partial\ln t} + \frac{\partial\ln F}{\partial\ln T}\frac{\partial\ln T}{\partial\ln t}$$

① 马树才、郭万山、王青等：《宏观经济计量分析方法与模型》，经济科学出版社 2005 年版。

$$+ \frac{\partial \ln F}{\partial \ln I}\frac{\partial \ln I}{\partial \ln t} + \frac{\partial \ln F}{\partial \ln E}\frac{\partial \ln E}{\partial \ln t} + \frac{\partial \ln F}{\partial \ln Z}\frac{\partial \ln Z}{\partial \ln t} + \frac{\partial \ln F}{\partial \ln S}\frac{\partial \ln S}{\partial \ln t} + \frac{\partial \ln F}{\partial t} \qquad (4-1)$$

显然有：

$$\frac{d\ln Y}{dt} = \frac{\dot{Y}}{Y},$$

$$\frac{d\ln K}{dt} = \frac{\dot{K}}{K},$$

$$\frac{d\ln L}{dt} = \frac{\dot{L}}{L},$$

$$\frac{d\ln P}{dt} = \frac{\dot{P}}{P},$$

$$\frac{d\ln H}{dt} = \frac{\dot{H}}{H},$$

$$\frac{d\ln T}{dt} = \frac{\dot{T}}{T},$$

$$\frac{d\ln I}{dt} = \frac{\dot{I}}{I},$$

$$\frac{d\ln E}{dt} = \frac{\dot{E}}{E},$$

$$\frac{d\ln Z}{dt} = \frac{\dot{Z}}{Z},$$

$\frac{d\ln S}{dt} = \frac{\dot{S}}{S}$，其中，$\dot{Y} = \frac{\partial Y}{\partial t}$，其他类推。则：

$\frac{\dot{Y}}{Y}$代表农民收入增长率；

$\frac{\dot{K}}{K}$代表物质资本存量增长率；

$\frac{\dot{L}}{L}$代表第一产业从业人员增长率；

$\frac{\dot{P}}{P}$代表农业生产资料价格指数增长率；

$\frac{\dot{H}}{H}$代表农业人力资本增长率；

$\frac{\dot{T}}{T}$代表农林牧渔业产量增长率；

$\frac{\dot{I}}{I}$代表农业信息化发展增长率；

$\dfrac{\dot{E}}{E}$ 代表农业科技推广增长率；

$\dfrac{\dot{Z}}{Z}$ 代表水利设施建设增长率；

$\dfrac{\dot{S}}{S}$ 代表农机总动力增长率；

$\dfrac{\partial \ln F}{\partial t} = \dfrac{\partial F}{\partial t} / F$ 代表全要素生产率增长率；

令 $g = \dfrac{\dot{Y}}{Y}$，$g_k = \dfrac{\dot{K}}{K}$，$g_l = \dfrac{\dot{L}}{L}$，$g_p = \dfrac{\dot{P}}{P}$，$g_h = \dfrac{\dot{H}}{H}$，$g_t = \dfrac{\dot{T}}{T}$，$g_i = \dfrac{\dot{I}}{I}$，$g_e =$

$\dfrac{\dot{E}}{E}$，$g_z = \dfrac{\dot{Z}}{Z}$，$g_s = \dfrac{\dot{S}}{S}$，$g_{tfp} = \dfrac{\partial \ln F}{\partial t}$。

根据弹性系数的定义和式（4-1）生产函数的形式有：

$$Y_t = F(K_t, L_t, P_t, H_t, T_t, I_t, E_t, Z_t, S_t, t) = A(t) K_t^\alpha L_t^\beta P_t^\gamma H_t^\delta T_t^\theta I_t^\omega E_t^\xi Z_t^\eta S_t^\mu$$

$$\dfrac{\partial \ln F}{\partial \ln K} = \dfrac{\partial F}{\partial K} \times \dfrac{K}{F} = \alpha;$$

$$\dfrac{\partial \ln F}{\partial \ln L} = \dfrac{\partial F}{\partial L} \times \dfrac{L}{F} = \beta;$$

$$\dfrac{\partial \ln F}{\partial \ln P} = \dfrac{\partial F}{\partial P} \times \dfrac{P}{F} = \gamma;$$

$$\dfrac{\partial \ln F}{\partial \ln H} = \dfrac{\partial F}{\partial H} \times \dfrac{H}{F} = \delta;$$

$$\dfrac{\partial \ln F}{\partial \ln T} = \dfrac{\partial F}{\partial T} \times \dfrac{T}{F} = \theta;$$

$$\dfrac{\partial \ln F}{\partial \ln I} = \dfrac{\partial F}{\partial I} \times \dfrac{I}{F} = \omega;$$

$$\dfrac{\partial \ln F}{\partial \ln E} = \dfrac{\partial F}{\partial E} \times \dfrac{E}{F} = \xi;$$

$$\dfrac{\partial \ln F}{\partial \ln Z} = \dfrac{\partial F}{\partial Z} \times \dfrac{Z}{F} = \eta;$$

$$\dfrac{\partial \ln F}{\partial \ln S} = \dfrac{\partial F}{\partial S} \times \dfrac{S}{F} = \mu。$$

则上述微分形式可写为：

$$g = g_{tfp} + \alpha g_k + \beta g_l + \gamma g_p + \delta g_h + \theta g_t + \omega g_i + \xi g_e + \eta g_z + \mu g_s \qquad (4-2)$$

式（4-2）即为农民增收方程。

由式（4-2）可以看出，建立农民增收方程关键是求出其中的 α、β、

γ、δ、θ、ω、ξ、η、μ，所以，要通过实证分析求出它们在农民增收开发中的作用。

从经济增长的核算来看，总收入的增长可以分解为：农林牧渔业产量对农民收入的影响、农业生产资料价格指数对农民收入的影响、农业科技化对农民收入的影响、农业机械化对农民收入的影响、农业信息化对农民收入的影响、农业人力资本化对农民收入的影响、农业水利化对农民收入的影响和全要素生产率对农民收入的影响之和。对照式（4-1），第 t 年的全要素生产率定义为：

$$TFP_t = \frac{Y}{K_t^\alpha L_t^\beta P_t^\gamma H_t^\delta T_t^\theta I_t^\omega E_t^\xi Z_t^\eta S_t^\mu} = A(t)$$

对式（4-1）两边取对数得：

$$\ln Y_t = \ln A(t) + \alpha \ln K_t + \beta \ln L_t + \gamma \ln P_t + \delta \ln H_t + \theta \ln T_t + \omega \ln I_t + \xi \ln E_t +$$
$$\eta \ln Z_t + \mu \ln S_t \tag{4-3}$$

三　数据来源

用农村居民家庭人均纯收入代替 Y，用农林水事务公共预算财政支出代替 K，用第一产业从业人员数代替 L，用农业生产资料价格指数代替 P，用文化、教育、娱乐用品及服务支出和医疗保健支出代替 H，用粮食、牧渔产量代替 T，用交通和通信支出代替 I，用化肥施用折纯量代替 E，用有效灌溉面积代替 Z，用农机总动力代替 S。

（一）农村居民家庭人均纯收入

农村居民家庭纯收入，是指农村住户当年从各个收入来源所得到的总收入，扣除所负担的费用后的收入总和。纯收入主要用于进行再生产投资和当年生活消费支出，也可用于储蓄和各种非义务性支出。"农民人均纯收入"是指按人口平均的纯收入水平，反映的是一个地区或一个农户农村居民的平均收入水平。

（二）农林水事务公共预算财政支出

目前已被普遍采用的测算资本存量的方法是戈德史密斯（Goldsmith）在1951年开创的永续盘存法。由于中国没有大规模的资产普查，所以本书所采用的方法是在估计一个基准年后运用永续盘存法按不变价格计算资本存量。这一方法可以写作：

$$K_t = K_{t-1}(1-\delta_t) + I_t$$

其中，t 指第 t 年。上式中变量的处理：（1）当年投资 I 的选取，即当年的固定资本形成总额。（2）投资品价格指数的构造，以折算到不变价格，可以假设《中国国内生产总值核算历史资料（1982—1995)》提供的以不变价格衡量的固定资本形成总额指数的计算方法如下，以1985年的固定资本形成指数为例：1985年的固定资本形成总额指数（1982 = 1) = ［1985年的固定资本形成总额（当年价格）/1985年的投资隐含平减指数（1982年 = 1)］/1982年的固定资本形成总额（当年价格）。（3）经济折旧率δ的确定，采用4%。（4）基年资本存量K的确定，本书中采用的估计方法和杨格（Young，2000)[1]相同，即用河南省农户固定资产投资作用资金使用量。（5）数据缺失的处理，本书采用先曲线合再进行回归分析的统计方法来对年鉴数据进行调整。[2]本书采用农林水事务公共预算财政支出作为物质资本的投入要素。[3]

本书选取农林水事务公共预算财政支出代替农业领域的物质资本投入，因此，农林水事务公共预算财政支出是从政府财政支出的角度对推进新型农业现代化所进行的物质资本投入，主要包括农业基础设施建设、环境治理、粮食直补、农机推广、电网改造和建立现代农业服务体系等支出，对于推进农业发展、提高农民收入、实现农业现代化具有重要的作用。

（三）第一产业从业人员

第一产业从业人员是农业现代化发展过程中衡量农业发展、科技进步和农民增收的一个重要指标，是农民收入中的劳动力投入因素。

（四）农业生产资料价格指数

农业生产资料价格指数，是指反映一定时期内农业生产资料价格变动趋势和程度的相对数值。农业生产资料价格指数可以分为农用工具、饲料、化肥、农药、农用机油、农业生产服务等十个大类。在本书中用来衡量农业生产资料价格变动对农民收入的影响。

（五）人力资本

人力资本，又可以叫作非物力资本，是指劳动者受教育、培训、实践、

---

[1] 杨格（Young，2000）甚至认为，如果我们重点关注的是1978年以后的各省资本存量，而基年是1952年，那么26年的时间跨度使得初始年份的资本存量数据都显得不太重要了，任何一种假设的方法都是可取的。

[2] 张军、吴桂英、张吉鹏：《中国省际物质资本存量估算：1952—2000》，《经济研究》2004年第10期。

[3] 《河南统计年鉴》、《河南年鉴》、《河南三十年》。（以下同）

经验等方面的投资而获得的自身知识和技能的不断积累。由于这些劳动者获得的知识与技能可以为其所有者带来工资收益，因而形成了一种特定的资本，即人力资本。考虑河南省农民人力资本的可衡量性，本书采用农村居民家庭平均每人生活消费支出中的文化、教育、娱乐用品及服务支出和医疗保健支出代替农村居民家庭人力资本投入。

（六）农、林、牧、渔业产量

农、林、牧、渔业产量涉及粮食总产量、棉花总产量、油料总产量、水果总产量、肉类总产量、禽蛋总产量、奶类总产量、水产品总产量8个方面。考虑模型可适应性，因此对于这些产量采用主成分分析法进行分析。

主成分分析，又称为主分量分析，是运用降维的思想，把多个指标转化为少个综合指标，它通过线性转换把给定的一组相关变量换变成另一组不相关的变量，这些新的变量的排序方式是按照方差依次递减的原则。在数学变换中，要始终保持变量的总方差不变，使第一变量具有最大的方差，称为第一主成分，第二变量具有次大的方差，且与第一变量不相关，称为第二主成分。以此类推，n个变量就有n个主成分。

在实际问题研究中，为了系统全面地研究问题，就必须考虑众多因素的综合影响。这些涉及的因素都称为指标，在多元统计分析中也称作是变量。由于每个变量都是在不同程度上反映了所研究问题的某些方面的信息，并且指标或是变量彼此之间又都有一定的相关性，因而所得的统计数据反映的信息在一定程度上有重叠。在用统计方法研究多变量问题时，变量太多会增加计算量和增加分析问题的复杂性，人们希望在进行定量分析的过程中，涉及的变量越少，得到的信息量越多。

对原始数据进行标准化，并进行相关分析。

由表4-1可知，粮食总产量、棉花总产量、油料总产量、水果总产量、肉类总产量、禽蛋总产量、奶类总产量、水产品总产量这几个指标存在着极其显著的关系，可见，许多变量之间直接的相关性比较强，说明它们之间存在信息上的重叠。

主成分个数提取原则为主成分对应的特征值大于1的前m个主成分。特征值在某种程度上可以被看成是表示主成分影响力度大小的指标，如果特征值小于1，说明该主成分的解释力度还不如直接引入一个原变量的平

表4-1   相关矩阵

	Zscore [粮食总产量（万吨）]	Zscore （棉花）	Zscore （油料）	Zscore （水果）	Zscore [肉类产量（万吨）]	Zscore [禽蛋产量（万吨）]	Zscore [奶类产量（万吨）]	Zscore [水产品产量（万吨）]
Zscore [粮食总产量（万吨）]	1.000	0.229	0.974	0.954	0.914	0.903	0.844	0.934
Zscore （棉花）	0.229	1.000	0.182	-0.004	0.192	0.136	-0.186	-0.073
Zscore （油料）	0.974	0.182	1.000	0.964	0.967	0.949	0.805	0.919
Zscore （水果）	0.954	-0.004	0.964	1.000	0.926	0.927	0.912	0.981
Zscore [肉类产量（万吨）]	0.914	0.192	0.967	0.926	1.000	0.976	0.698	0.846
Zscore [禽蛋产量（万吨）]	0.903	0.136	0.949	0.927	0.976	1.000	0.715	0.858
Zscore [奶类产量（万吨）]	0.844	-0.186	0.805	0.912	0.698	0.715	1.000	0.969
Zscore [水产品产量（万吨）]	0.934	-0.073	0.919	0.981	0.846	0.858	0.969	1.000

均解释力度大，因此一般可以用特征值大于 1 作为纳入标准。通过表 4 - 2 方差分解主成分提取分析可知，提取 2 个主成分，即 $m = 2$。

表4-2   解释的总方差

成分	初始特征值			提取平方和载入		
	合计	方差百分比（%）	累计百分比（%）	合计	方差百分比（%）	累计百分比（%）
1	6.424	80.298	80.298	6.424	80.298	80.298
2	1.180	14.753	95.051	1.180	14.753	95.051
3	0.323	4.036	99.087			
4	0.037	0.461	99.548			
5	0.023	0.283	99.831			
6	0.009	0.113	99.945			
7	0.003	0.037	99.982			
8	0.001	0.018	100.000			

提取方法：主成分分析

从表4-3初始因子载荷矩阵可知，除棉花外，其余产量在第一主成分上有较高载荷，说明第一主成分基本反映了这些指标的信息；而棉花在第二主成分上有较高载荷，说明第二主成分基本反映了棉花产量的信息。提取两个主成分可以基本反映全部指标的信息，所以决定用两个新变量来代替原来的变量。

表4-3   初始因子载荷矩阵

变量	成分	
	1	2
Zscore［粮食总产量（万吨）］	0.976	0.129
Zscore（棉花）	0.088	0.973
Zscore（油料）	0.984	0.115
Zscore（水果）	0.993	−0.096
Zscore［肉类产量（万吨）］	0.947	0.167
Zscore［禽蛋产量（万吨）］	0.947	0.109
Zscore［奶类产量（万吨）］	0.882	−0.342
Zscore［水产品产量（万吨）］	0.968	−0.195

提取方法：主成分分析法

a. 已提取了2个成分

用表4-3中的数据除以主成分相对应的特征值开平方根便得到两个主成分中每个指标所对应的系数，即可得到特征向量A1、A2，见表4-4。

表4-4

	B1	B2	A1 = B1/SQR(6.424)	A2 = B2/SQR（1.18）	C
Zscore（粮食总产量）	0.98	0.13	0.39	0.12	0.348092
Zscore（棉花）	0.09	0.97	0.03	0.9	0.165036
Zscore（油料）	0.98	0.12	0.39	0.11	0.34654
Zscore（水果）	0.99	−0.1	0.39	−0.09	0.315497
Zscore（肉类产量）	0.95	0.17	0.37	0.15	0.335853
Zscore（禽蛋产量）	0.95	0.11	0.37	0.1	0.328092
Zscore（奶类产量）	0.88	−0.34	0.35	−0.31	0.247559
Zscore（水产品产量）	0.97	−0.2	0.38	−0.18	0.29308

将得到的特征向量与标准化后的数据相乘,然后就可以得出主成分表达式:

第一主成分 = 粮食总产量×0.39 + 棉花×0.03 + 油料×0.39 + 水果×0.39 + 肉类产量×0.37 + 禽蛋产量×0.37 + 奶类产量×0.35 + 水产品产量×0.38。

第二主成分 = 粮食总产量×0.12 + 棉花×0.9 + 油料×0.11 + 水果×(−0.09) + 肉类产量×0.15 + 禽蛋产量×0.1 + 奶类产量×(−0.31) + 水产品产量×(−0.18)。

以每个主成分所对应的特征值占所提取主成分总的特征值之和的比例作为权重计算主成分综合模型:

$$F = \frac{\lambda_1}{\lambda_1 + \lambda_2} F_1 + \frac{\lambda_2}{\lambda_1 + \lambda_2} F_2$$

可得特征向量 C,与数据相乘,可得到主成分综合模型:

综合主成分 = 粮食总产量×0.35 + 棉花×0.17 + 油料×0.35 + 水果×0.32 + 肉类产量×0.34 + 禽蛋产量×0.33 + 奶类产量×0.25 + 水产品产量×0.30。

(七) 交通和通信支出

随着通信技术、交通运输事业迅猛发展,河南省农业信息化程度越来越高,现代化生活方式的需求和生活水准的提高,使交通工具消费和服务、通信技术和通信设备、网络技术迅猛发展,有力地推进了河南省农业信息化程度。本书采用农村居民家庭平均每人生活消费支出中的交通和通信支出作为衡量指标。

(八) 化肥施用折纯量

农业科技,是农民用于农业生产方面的科学技术的统称,也包括专门针对农村生活方面的技术和用于农产品加工方面的技术。包括农业种植、养殖、化肥农药的使用及各种生产资料的鉴别等一些方面。本书采用化肥施用折纯量来作为农业科技化的衡量指标。化肥施用折纯量是指本年内实际用于农业生产的化肥数量,包括氮肥、磷肥、钾肥和复合肥。化肥施用量要求按折纯量计算,折纯量是指把氮肥、磷肥、钾肥分别按含氮、含五氧化二磷、含氧化钾的 100% 成分进行折算后的数量(复合肥按其所含主要成分折算)。

(九) 农田有效灌溉面积

进入 21 世纪以来,党中央、国务院连续发出 8 个指导农业农村工作的一号文件，农业水利化建设成为党和国家高度重视的问题，农业水利化的发展有利于进一步防范和减轻农业风险，建立农民收入稳步增长的长效机制，对于维护粮食安全、生态安全，具有重要的现实意义和战略意义。本书采用农田有效灌溉面积作用衡量水利化的重要指标，农田有效灌溉面积指具有一定的水源，地块比较平整，灌溉工程或设备已经配套，在一般年景下当年能够进行正常灌溉的耕地面积。

（十）农机总动力

农业机械化是农业现代化的物质技术基础，是农业发展的大势所趋和后劲所在，河南省农业机械化发展势头强劲，农机总动力大幅提高、农机装备结构不断优化、农机作业水平稳步提升、农机社会化服务效益持续增加，农业机械化在农业生产领域的影响越来越广泛。本书采用农机总动力作为衡量农业机械化的重要指标，农机总动力是指主要用于农、林、牧、渔业的各种动力机械的动力总和。包括耕作机械、排灌机械、收获机械、农用运输机械、植物保护机械、牧业机械、林业机械、渔业机械和其他农业机械［内燃机按引擎马力折成瓦（特）计算、电动机按功率折成瓦特计算］。不包括专门用于乡、镇、村、组办工业、基本建设、非农业运输、科学试验和教学等非农业生产方面用的动力机械与作业机械。

下文用农村居民家庭人均纯收入代替 LY，用农林水事务公共预算财政支出代替 LK，用第一产业从业人员数代替 LL，用农业生产资料价格指数代替 LP，用文化、教育、娱乐用品及服务支出和医疗保健支出代替 LH，用粮食、牧渔产量代替 LT，用交通和通信支出代替 LI，用化肥施用折纯量代替 LE，用有效灌溉面积代替 LZ，用农机总动力代替 LS。

第三节　河南省农业现代化和农民增收的模型分析

一　ADF 单位根检验

检验随机过程是否平稳的一种比较正式的方法就是单位根检验。如下有几种典型的非平稳随机过程。

（一）典型的非平稳随机过程

（1）随机游走过程：

$$y_t = y_{t-1} + u_t, \ u_t \sim IID \ (0, \ \sigma^2) \tag{4-4}$$

（2）随机趋势过程：

$$y_t = y_{t-1} + a + u_t, \ u_t \sim IID \ (0, \ \sigma^2) \tag{4-5}$$

其中，a 称作位移项或漂移项。将上式作如下迭代变换：

$$
\begin{aligned}
y_t &= y_{t-1} + a + u_t \\
&= (y_{t-2} + a + u_{t-1}) + a + u_t \\
&= \cdots \\
&= at + y_0 + \sum_{i=1}^{t} u_i
\end{aligned}
\tag{4-6}
$$

可知，y_t 由时间趋势项 at 和 $y_0 + \sum_{i=1}^{t} u_i$（可看作截距项）组成。在不存在任何冲击 u_t 情况下，截距项为 y_0。而每个冲击 u_t 都表现为截距的移动。每个冲击 u_t 对截距项的影响都是持久的，导致序列的条件均值发生变化，所以称这样的过程为随机趋势过程或有漂移项的随机游走过程。

由式（4-6）还可以看出，a 是时间趋势项的系数（原序列的增长速度）。a 为正时，趋势向上；a 为负时，趋势向下。

（3）趋势非平稳过程

$$y_t = y_{t-1} + a + \delta t + u_t, \ u_t \sim IID \ (0, \ \sigma^2) \tag{4-7}$$

其中，a 称作位移项或漂移项，δt 称作趋势项。可见，趋势非平稳过程是随机趋势和确定性趋势的混合随机过程。将上式作如下迭代变换：

$$
\begin{aligned}
y_t &= y_{t-1} + a + \delta t + u_t \\
&= [y_{t-2} + a + \delta(t-1) + u_{t-1}] + a + \delta t + u_t \\
&= \cdots \\
&= y_0 + at + \delta[t + (t-1) + \cdots + 2 + 1] + \sum_{i=1}^{t} u_i \\
&= y_0 + at + \frac{\delta}{2}t(t+1) + \sum_{i=1}^{t} u_i \\
&= (a + \frac{\delta}{2})t + \frac{\delta}{2}t^2 + y_0 + \sum_{i=1}^{t} u_i
\end{aligned}
\tag{4-8}
$$

由式（4-8）可以看出，趋势非平稳过程的趋势项包括 t 的 1 次和 2 次项。

（二）单位根检验

1. DF 检验

考虑三个随机过程：

$$y_t = \rho y_{t-1} + u_t \tag{4-9}$$

$$y_t = \rho y_{t-1} + a + u_t \tag{4-10}$$

$$y_t = \rho y_{t-1} + a + \delta t + u_t \tag{4-11}$$

其中，ρ 为有理数，a 是常数项，δt 是时间趋势项，$u_t \sim IID$（0，σ^2）。若 $|\rho| < 1$，则序列 y_t 是平稳的；若 $|\rho| = 1$，则序列 y_t 是非平稳的〔即式（4-4）、式（4-5）、式（4-7）〕；而当 $|\rho| > 1$，序列 y_t 是强非平稳的，是爆炸性的，没有实际意义。因此，检验 y_t 平稳性，要检验的就是 $|\rho|$ 是否严格小于 1。

实际检验时，将式（4-9）、式（4-10）、式（4-11）左右同时减去 y_{t-1}，得：

$$\Delta y_t = \gamma y_{t-1} + u_t \tag{4-12}$$

$$\Delta y_t = \gamma y_{t-1} + a + u_t \tag{4-13}$$

$$\Delta y_t = \gamma y_{t-1} + a + \delta t + u_t \tag{4-14}$$

其中，$\gamma = \rho - 1$。检验假设为：

H_0：$\gamma = 0$（y_t 非平稳）

H_1：$\gamma < 0$（y_t 平稳）

参数 γ 估计值的显著性检验的 t 统计量不服从常规 t 分布，Dickey 和 Fuller 于 1979 年给出了检验用的模临界值，故该检验称为 DF 检验。Eviews 中使用的是 Mackinnon 改进的单位根检验临界值。DF 检验做的是左单端检验，检验规则是：若 DF > 临界值，则接受 H_0，y_t 非平稳；若 DF < 临界值，则拒绝 H_0，y_t 平稳。

2. ADF 检验

DF 检验适用于序列为 AR(1) 过程。如果序列存在高阶滞后相关，就会破坏随机扰动项是白噪声的假设，这时可使用扩展的 DF 检验（ADF 检验）来检验含有高阶序列相关序列的单位根。除了检验方程不同外，ADF 检验的检验假设、检验规则都与 DF 检验类似。

ADF 检验是假设序列 y_t 为 AR(p) 过程。检验方程为：

$$\Delta y_t = \gamma y_{t-1} + \sum_{i=1}^{p} \Delta y_{t-i} + u_t \tag{4-15}$$

$$\Delta y_t = \gamma y_{t-1} + a + \sum_{i=1}^{p} \Delta y_{t-i} + u_t \qquad (4-16)$$

$$\Delta y_t = \gamma y_{t-1} + a + \delta t + \sum_{i=1}^{p} \Delta y_{t-i} + u_t \qquad (4-17)$$

ADF 检验中很重要的问题是滞后阶数 p 的选择，通常采用 AIC 准则（Akaike Information Criterion）来确定。

不论是 DF 检验还是 ADF 检验都有三种检验方程，选择哪种形式也很重要，即是否加入常数项和线性时间趋势项。我们可以通过观察序列的折线图来判断，近似于随机游走的序列可采用式（4-12）、式（4-15）进行检验，即没有添加项；有线性趋势的序列可采用式（4-13）、式（4-16）进行检验，即加入常数项；有二次趋势的序列可采用式（4-14）、式（4-17）进行检验，即同时加入常数项和线性时间趋势项。

平稳序列的时序图应该显示出序列始终围绕一个常数值波动，且波动范围不大。如果观察序列的时序图显示出该序列有明显的趋势或周期，那它通常不是平稳序列。利用统计分析软件绘制时间序列图如图 4-1 所示。

从图 4-1 可以看出，上述序列数据均呈现在波动中上升或下降的趋势，显然不平稳，均为非平稳序列，对上述数据进行对数化处理，并进行ADF 检验，具体如表 4-5 所示。

上述计量检验表明：在 1% 的显著水平下，这 10 个变量的对数时间数列均为非平稳序列，但是，这 10 个变量的二阶差分数列都是平稳的，所以，它们都是二阶单整的。为了避免虚假回归现象，需要对这些变量进行协整检验。

二　协整检验

（一）单整

前面介绍的齐次非平稳过程虽然是非平稳的，但是可以通过一次或多次差分后成为平稳序列。像这种非平稳序列可以通过差分运算而平稳，称这样的序列为单整序列。

严格定义为：如果序列 y_t 通过 d 次差分达到平稳，而这个序列 $d-1$ 次差分不平稳，则称序列 y_t 为 d 阶单整序列，记作 $y_t \sim I(d)$，其中，d 表示单整阶数，是序列包含的单位根的个数（使序列平稳而差分的阶数）。特别地，如果序列 y_t 本身是平稳的，则为零阶单整序列，记作 $y_t \sim I(0)$。

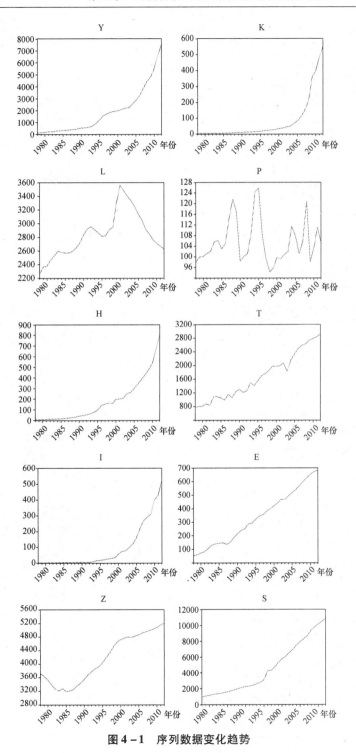

图 4 - 1　序列数据变化趋势

表 4 - 5　　　　　　　　　　ADF 检验情况

变量	ADF 检验值	检验形式 (C, T, L)	临界值			结论
			1%	5%	10%	
LY	- 2.547367	(1, 1, 1)	- 4.262735	- 3.552973	- 3.209642	不平稳
D(LY)	- 4.041351	(1, 1, 0)	- 4.262735	- 3.552973	- 3.209642	不平稳
D(LY, 2)	- 9.420412	(0, 0, 0)	- 2.639210	- 1.951687	- 1.610579	平稳
LK	- 0.623062	(1, 1, 0)	- 4.252879	- 3.548490	- 3.207094	不平稳
D(LK)	- 5.592827	(1, 1, 0)	- 4.262735	- 3.552973	- 3.209642	平稳
D(LK, 2)	- 10.27961	(0, 0, 0)	- 2.639210	- 1.951687	- 1.610579	平稳
LL	- 1.218660	(1, 1, 1)	- 4.262735	- 3.552973	- 3.209642	不平稳
D(LL)	- 3.228069	(1, 1, 0)	- 4.262735	- 3.552973	- 3.209642	不平稳
D(LL, 2)	- 6.449239	(0, 0, 0)	- 2.639210	- 1.951687	- 1.610579	平稳
LP	- 4.020252	(1, 1, 1)	- 4.262735	- 3.552973	- 3.209642	不平稳
D(LP)	- 5.424695	(1, 1, 1)	- 4.273277	- 3.557759	- 3.212361	平稳
D(LP, 2)	- 5.596902	(0, 0, 4)	- 2.650145	- 1.953381	- 1.609798	平稳
LH	- 1.261133	(1, 1, 0)	- 4.252879	- 3.548490	- 3.207094	不平稳
D(LH)	- 5.106732	(1, 1, 0)	- 4.262735	- 3.552973	- 3.209642	平稳
D(LH, 2)	- 9.954083	(0, 0, 0)	- 2.639210	- 1.951687	- 1.610579	平稳
LT	- 4.901158	(1, 1, 0)	- 4.252879	- 3.548490	- 3.207094	不平稳
D(LT)	- 8.633015	(1, 1, 0)	- 4.262735	- 3.552973	- 3.209642	平稳
D(LT, 2)	- 5.726579	(0, 0, 4)	- 2.650145	- 1.953381	- 1.609798	平稳
LI	- 2.083842	(1, 1, 1)	- 4.262735	- 3.552973	- 3.209642	不平稳
D(LI)	- 4.417666	(1, 1, 0)	- 4.262735	- 3.552973	- 3.209642	平稳
D(LI, 2)	- 6.970660	(0, 0, 1)	- 2.641672	- 1.952066	- 1.610400	平稳
LE	- 2.212974	(1, 1, 0)	- 4.252879	- 3.548490	- 3.207094	不平稳
D(LE)	- 4.150133	(1, 1, 0)	- 4.262735	- 3.552973	- 3.209642	不平稳
D(LE, 2)	- 4.760395	(0, 0, 5)	- 2.653401	- 1.953858	- 1.609571	平稳
LZ	- 3.054199	(1, 1, 1)	- 4.262735	- 3.552973	- 3.209642	不平稳
D(LZ)	- 2.298520	(1, 1, 0)	- 4.262735	- 3.552973	- 3.209642	不平稳
D(LZ, 2)	- 8.107736	(0, 0, 0)	- 2.639210	- 1.951687	- 1.610579	平稳
LS	- 1.161314	(1, 1, 0)	- 4.252879	- 3.548490	- 3.207094	不平稳
D(LS)	- 5.308453	(1, 1, 0)	- 4.262735	- 3.552973	- 3.209642	平稳
D(LS, 2)	- 7.448391	(0, 0, 1)	- 2.641672	- 1.952066	- 1.610400	平稳

　　注：检验形式中，C 为常数项，T 为趋势项，L 为滞后阶数，滞后期 L 的选择标准是以 SIC 值最小为准则，D(.) 表示变量的一阶差分。

（二）协整

在时间序列分析中，如果用两个独立的非平稳时间序列建立回归模型，往往得到具有统计显著性的回归参数，这种现象称为虚假回归，在统计上也称为无意义相关。由于实际中的大多数经济时间序列是非平稳的，为了避免虚假回归问题，通常采用差分的方法使序列平稳之后再建立模型。但是变换后的序列限制了所讨论经济问题的范围，有时也不具有直接经济意义。

1987 年，恩格尔和格兰杰提出了协整理论，为非平稳序列建模提供了另一种途径。有些时间序列，虽然本身是非平稳的，但其某种线性组合却是平稳的，这个线性组合反映了变量之间长期稳定的均衡关系，称为协整。协整的定义为：

如果 k 维向量 $y_t = (y_{1t}, y_{2t}, \cdots, y_{kt})$ 的分量都是 d 阶单整序列，即 $I(d)$。存在一个非零向量 $\beta = (\beta_1, \beta_2, \cdots, \beta_k)$，使得 $\beta y'_t \sim I(d-b)$，$0 < b \leqslant d$，则向量 y_t 的分量间被称为 d、b 阶协整，记为 $y_t \sim CI(d, b)$，β 称作协整向量。

（三）协整检验

这里讨论两个变量的协整关系检验。为检验两个变量 x_t 和 y_t 是否协整，恩格尔和格兰杰提出了两步检验法，称为 EG 检验。若序列 x_t 和 y_t 都是 d 阶单整的，用一个变量对另一个变量回归，即：

$$y_t = \alpha + \beta x_t + u_t \tag{4-18}$$

用 $\hat{\alpha}$ 和 $\hat{\beta}$ 表示回归系数的估计值，则模型残差估计值为：

$$\hat{u}_t = y_t - \hat{\alpha} - \hat{\beta} x_t \tag{4-19}$$

若 $\hat{u}_t \sim I(0)$，则 x_t 和 y_t 有协整关系，即 x_t 和 y_t 有长期稳定的均衡关系，且向量 $(1, -\hat{\beta})$ 为协整向量，式（4-18）为协整方程。这里，序列 x_t 和 y_t 的 d 阶单整检验和 $\hat{u}_t$ 序列的零阶单整检验，都可以使用前面介绍的单位根检验方法。

多变量协整关系的检验要比双变量复杂一些，主要在于协整变量间可能存在多种稳定的线性组合。

假设有 4 个 $I(1)$ 变量 Z、X、Y、W，它们有如下长期均衡关系：

$$Z_t = \alpha_0 + \alpha_1 W_t + \alpha_2 X_t + \alpha_3 Y_t + \mu_t \tag{4-20}$$

其中，非均衡误差项 μ_t 应是 $I(0)$ 序列：

$$\mu_t = Z_t - \alpha_0 - \alpha_1 W_t - \alpha_2 X_t - \alpha_3 Y_t \qquad (4-21)$$

然而，如果 Z 与 W，X 与 Y 间分别存在长期均衡关系：

$$Z_t = \beta_0 + \beta_1 W_t + v_{1t}$$

$$X_t = \gamma_0 + \gamma_1 Y_t + v_{2t}$$

则非均衡误差项 v_{1t}、v_{2t} 一定是稳定序列 $I(0)$。于是它们的任意线性组合也是稳定的。例如：

$v_t = v_{1t} + v_{2t} = Z_t - \beta_0 - \gamma_0 - \beta_1 W_t + X_t - \gamma_1 Y_t (4-19)$ 一定是 $I(0)$ 序列。

由于 v_t 像式 $(4-18)$ 中的 t 一样，也是 Z、X、Y、W 四个变量的线性组合，由此式 $(4-19)$ 也成为该四变量的另一稳定的线性组合。$(1, -\alpha_0, -\alpha_1, -\alpha_2, -\alpha_3)$ 是对应于式 $(4-18)$ 的协整向量，$(1, -\beta_0 - \gamma_0, -\beta_1, 1, -\gamma_1)$ 是对应于式 $(4-19)$ 的协整向量。

Johansen 于 1988 年，Juselius 于 1990 年提出了一种用极大或然法进行检验的方法，通常称为 JJ 检验。Johanson 协整似然比（LR）检验，假设：H0：有 0 个协整关系；H1：有 M 个协整关系；检验迹统计量：$LR_M = -n \sum_{i=M-1}^{N} \log(1-\lambda_i)$，式中，$M$ 为协整向量的个数；λ_i 是按大小排列的第 i 个特征值；n 为样本容量。

为了确定河南省农村居民家庭人均纯收入与农林水事务公共预算财政支出、第一产业从业人员、农业生产资料价格指数、文化、教育、娱乐用品及服务支出和医疗保健支出、粮食、牧渔产量、交通和通信支出、化肥施用折纯量、有效灌溉面积、农机总动力之间是否存在长期稳定的均衡关系，进行协整检验，上述变量都是二阶单整的，所以它们之间可能存在长期均衡关系，即协整关系。对 Y、K、L、P、H、T、I、E、Z、S 进行协整检验，结果如表 4-6 所示。

河南省农村居民家庭人均纯收入（Y）、农林水事务公共预算财政支出（K）、第一产业从业人员（L）、农业生产资料价格指数（P）、文化教育娱乐用品及服务支出和医疗保健支出（H）、粮食牧渔产量（T）、交通和通信支出（I）、化肥施用折纯量（E）、农田有效灌溉面积（Z）、农机总动力（S）的协整方程是：

$Y = 1.665778 \times K - 0.098286 \times L - 3.480166 \times P + 8.747497 \times H + 1.196346 \times T - 4.538842 \times I + 2.106977 \times E - 0.083570 \times Z + 0.012176 \times S + 201.8386$

表 4 - 6　　　　　　　　　　　　迹检验

至少 CE（s）假设数量	特征值	迹统计量	关键值	概率 **
没有个 *	0.996132	635.5954	239.2354	0.0000
至少 1 个 *	0.984662	452.2834	197.3709	0.0001
至少 2 个 *	0.922666	314.4295	159.5297	0.0000
至少 3 个 *	0.880284	229.9618	125.6154	0.0000
至少 4 个 *	0.786871	159.9148	95.75366	0.0000
至少 5 个 *	0.678939	108.9016	69.81889	0.0000
至少 6 个 *	0.629411	71.40946	47.85613	0.0001
至少 7 个 *	0.507445	38.65160	29.79707	0.0037
至少 8 个	0.367840	15.28270	15.49471	0.0538
至少 9 个	0.004488	0.148454	3.841466	0.7000

注：迹检验表明 8 个协调在 0.05 的水平上显著。

* 表示在 0.05 水平上假设被拒绝；** 表示麦金农—豪格—米切利斯（MacKinnon - Haug - Michelis，1999）值。

由上式可以得出：

（1）农林水事务公共预算财政支出的产出弹性为 1.665778，也就是说，农林水事务公共预算财政支出每增长 1%，农民人均纯收入将增长 1.665778%，说明农业生产基础设施的改善对于促进农业现代化发展，增加农民收入具有重要推进作用。

（2）从式子中可以看出，第一产业从业人员的产出弹性为 - 0.098286，农业生产资料价格指数的产出弹性为 - 3.480166，也就是说，第一产业从业人员每增长 1%，农民人均纯收入将下降 - 0.098286%，农业生产资料价格指数每增长 1%，农民人均纯收入将下降 - 3.480166%。这说明一方面，随着农业现代化的不断发展，应该有越来越多的剩余劳动力从第一产业解放出来，因此第一产业从业人员数不仅影响农民收入，同时对于农业现代化发展也有一定的影响。另一方面，农业生产资料价格的变化是影响农民对农业扩大再生产的重要因素，在维持基本的生产资料不变的情况下，生产资料价格上涨，生产资料的投入增长，或者生产资料的价格上涨幅度大于农民增长的上涨幅度时，也就意味着农民收入的减少，农业现代化的发展受到制约。

（3）从式子中可以看出，文化教育娱乐用品及服务支出和医疗保健支出的产出弹性为 8.747497，也就是说，文化教育娱乐用品及服务支出和医疗保健支出每增长 1%，农民人均纯收入则增长 8.747497%，说明农村人力资本投资在收入中占主要地位，尤其是教育和健康上的投资，通过它可以改变农民受教育水平、知识结构和身体素质，对于增加农民收入、提升农业人力资本水平具有重要的推动作用；另一方面也说明，农民的健康问题是影响农民收入的重要因素，因此，一定要加强社会医疗保险，完善医疗服务体系。

（4）从式子中可以看出，粮食牧渔产量的产出弹性为 1.196346，也就是说，粮食牧渔产量每增长 1%，农民人均纯收入则增长 1.196346%。这说明农民收入主要来源还是第一产业的收入，农业的发展水平直接决定了农民的收入情况。同时，交通和通信支出的产出弹性为 - 4.538842，也就是说，交通和通信支出每增长 1%，农民人均纯收入则减少 4.538842%，这一方面说明农业发展、农民增收还需要在信息化方面进行结构调整；另一方面也说明信息化在农村未起到应有的作用，尤其是在电脑拥有数量不断增加的过程中，农民却没有得到应有的信息，说明还需要提高掌握搜索利用信息的技能。

（5）从式子中可以看出，化肥施用折纯量的产出弹性为 2.106977，也就是说化肥施用折纯量每增长 1%，农民人均纯收入增加 2.106977%，农机总动力的产出弹性为 0.012176，也就是说，农机总动力每增长 1%，农民人均纯收入增加 0.012176%，说明机械化的发展对农民增收的重要性。而农田有效灌溉面积的产出弹性为 - 0.083570，也就是说，农田有效灌溉面积每增加 1%，农民人均纯收入减少 0.083570%，有效灌溉面积在本式子中显示为负值，这说明水利基础设施对农业自然灾害的抵抗程度是基础设施投资，也只有在自然条件变化较大情况下，才会对农民增收起到作用。从这三个因素来看，农业现代化发展的科技化和机械化是协调发展的，提高农民收入对推进现代化发展起到了重要的作用。

三　向量误差修正模型（VECM）

自回归分布滞后模型（autoregressive distributed lag，ADL）。如果一个内生变量 y_t 只被表示成同一时点的外生变量 x_t 的函数，x_t 对 y_t 的长期影响很容易求出。然而如果每个变量的滞后也出现在模型之中，其长期影响将通过分布滞后函数反映，这就是自回归分布滞后模型（ADL）。

考虑一阶自回归分布滞后模型，记为 ADL（1，1）：

$$y_t = \beta_0 + \beta_1 y_{t-1} + \beta_2 x_t + \beta_3 x_{t-1} + u_t \tag{4-22}$$

其中，$u_t \sim IID(0, \sigma^2)$。移项后，整理可得

$$\Delta y_t = \beta_0 + (\beta_1 - 1)\left(y_t - \frac{\beta_2 + \beta_3}{1 - \beta_1} x_t\right)_{t-1} + \beta_2 \Delta x_t + u_t \tag{4-23}$$

式（4-22）和式（4-23）是等价的，但每个方程有不同的解释和意义，式（4-23）被称为误差修正模型（error correction model，ECM），其中 $y_t - \dfrac{\beta_2 + \beta_3}{1 - \beta_1} x_t$ 称为误差修正项，记为 ecm。式（4-23）可以简记为

$$\Delta y_t = \beta_0 + \alpha ecm_{t-1} + \beta_2 \Delta x_t + u_t \qquad (4-24)$$

式（4-23）解释了因变量 y_t 的短期波动 Δy_t 是如何被决定的。一方面，它受自变量短期波动 Δx_t 的影响；另一方面，取决于 ecm。如果 y_t 和 x_t 有长期稳定的均衡关系，即有 $y^* = bx^*$，ecm 可改写为

$$y^* = \frac{\beta_2 + \beta_3}{1 - \beta_1} x^* \qquad (4-25)$$

可见，ecm 反映了 y_t 关于 x_t 在第 t 期的短期偏离，即在短期波动中偏离它们长期均衡关系的程度。一般地，由于式（4-23）中 $|\beta_1| < 1$，所以式（4-24）中误差修正项的系数 $\alpha = (\beta_1 - 1) < 0$，通常称为调整系数或修正系数，表示在第 $t-1$ 期 y_{t-1} 关于 $\dfrac{\beta_2 + \beta_3}{1 - \beta_1} x_{t-1}$ 之间偏差的调整速度。可见，当 $y_{t-1} > \dfrac{\beta_2 + \beta_3}{1 - \beta_1} x_{t-1}$，$ecm_{t-1}$ 为正，αecm_{t-1} 为负，使 Δy_t 减少；反之亦然，这体现了均衡误差对 y_t 的控制。这样，y_t 就在不断"修正"前期"误差"过程中变化，使 y_t 与 x_t 的关系始终围绕长期均衡关系 $y^* = \dfrac{\beta_2 + \beta_3}{1 - \beta_1} x^*$。

变量之间的长期均衡关系通过协整检验已经确定，短期内表现变量间由非均衡向均衡调整的过程，可以引入误差修正项的 VER 误差修正模型来实现，以分析各变量间的短期动态情况。表 4-7 是根据误差修正模型得到的统计结果。

由此可行，向量误差修正模型如下：

$$
\begin{aligned}
D(Y) = {} & A(1,1) \times B(1,1) \times Y(-1) + B(1,2) \\
& \times K(-1) + B(1,3) \times L(-1) + B(1,4) \\
& \times P(-1) + B(1,5) \times H(-1) + B(1,6) \\
& \times E(-1) + B(1,7) \times I(-1) + B(1,8) \\
& \times T(-1) + B(1,9) \times Z(-1) + B(1,10) \\
& \times S(-1) + B(1,11) + C(1,1) \times D[Y(-1)] \\
& + C(1,2) \times D[K(-1)] + C(1,3) \times D[L(-1)] \\
& + C(1,4) \times D[P(-1)] + C(1,5) \times D[H(-1)]
\end{aligned}
$$

表4-7

统计结果

误差修改	D(Y)	D(K)	D(L)	D(P)	D(H)	D(E)	D(I)	D(T)	D(Z)	D(S)
CointEq1	0.184432	0.080422	0.242886	-0.026415	0.123303	-0.039249	-0.057518	0.127205	0.150675	-0.044029
	(0.25117)	(0.05594)	(0.26040)	(0.02672)	(0.04562)	(0.03969)	(0.03869)	(0.40459)	(0.17732)	(0.75549)
	[0.73430]	[1.43753]	[0.93275]	[-0.98865]	[2.70282]	[-0.98897]	[-1.48672]	[0.31440]	[0.84975]	[-0.05828]
D[Y(-1)]	0.120453	0.006055	0.104446	0.003085	-0.031534	0.048992	0.015365	-0.288418	-0.136610	0.245598
	(0.32089)	(0.07147)	(0.33268)	(0.03413)	(0.05828)	(0.05070)	(0.04943)	(0.51690)	(0.22654)	(0.96520)
	[0.37538]	[0.08471]	[0.31396]	[0.09037]	[-0.54104]	[0.96627]	[0.31087]	[-0.55798]	[-0.60304]	[0.25445]
D[K(-1)]	1.861855	0.194886	-1.114363	0.109863	-0.067317	0.156309	0.605745	-0.445303	-0.595049	0.383601
	(0.86042)	(0.19165)	(0.89204)	(0.09153)	(0.15628)	(0.13595)	(0.13253)	(1.38602)	(0.60744)	(2.58810)
	[2.16388]	[1.01688]	[-1.24922]	[1.20030]	[-0.43074]	[1.14972]	[4.57050]	[-0.32128]	[-0.97961]	[0.14822]
D[L(-1)]	-0.239379	-0.005256	0.427784	0.001690	0.019630	0.021066	0.010077	-0.253070	-0.066594	-0.497340
	(0.16834)	(0.03750)	(0.17452)	(0.01791)	(0.03058)	(0.02660)	(0.02593)	(0.27117)	(0.11884)	(0.50635)
	[-1.42203]	[-0.14018]	[2.45116]	[0.09438]	[0.64203]	[0.79198]	[0.38865]	[-0.93326]	[-0.56036]	[-0.98221]
D[P(-1)]	-0.239006	0.593069	-4.998616	0.161055	-0.299435	0.164499	0.357764	0.967715	-1.395882	3.471437
	(2.29668)	(0.51156)	(2.38108)	(0.24431)	(0.41716)	(0.36289)	(0.35376)	(3.69963)	(1.62139)	(6.90828)
	[-0.10407]	[1.15934]	[-2.09930]	[0.65922]	[-0.71780]	[0.45330]	[1.01131]	[0.26157]	[-0.86091]	[0.50250]
D[H(-1)]	2.378100	-0.075847	-1.296477	-0.071068	0.503923	-0.312853	0.367966	1.736847	0.910320	-1.718310
	(1.69116)	(0.37669)	(1.75331)	(0.17990)	(0.30717)	(0.26722)	(0.26049)	(2.72422)	(1.19391)	(5.08690)
	[1.40620]	[-0.20135]	[-0.73945]	[-0.39504]	[1.64053]	[-1.17078]	[1.41257]	[0.63756]	[0.76247]	[-0.33779]

续表

误差修改	D (Y)	D (K)	D (L)	D (P)	D (H)	D (E)	D (I)	D (T)	D (Z)	D (S)
D[E(-1)]	-0.730089	0.220648	-0.779176	-0.125993	-0.250201	0.128966	-0.053785	0.097023	-0.919564	0.778237
	(1.61263)	(0.35920)	(1.67189)	(0.17155)	(0.29291)	(0.25481)	(0.24840)	(2.59772)	(1.13847)	(4.85070)
	[-0.45273]	[0.61428]	[-0.46604]	[-0.73445]	[-0.85420]	[0.50613]	[-0.21653]	[0.03735]	[-0.80772]	[0.16044]
D[I(-1)]	5.676255	0.130786	-2.125430	0.285612	0.222689	0.251054	0.267311	0.370279	-0.348766	1.401830
	(1.03186)	(0.22983)	(1.06978)	(0.10977)	(0.18742)	(0.16304)	(0.15894)	(1.66218)	(0.72846)	(3.10377)
	[5.50100]	[0.56905]	[-1.98679]	[2.60202]	[1.18818]	[1.53981]	[1.68184]	[0.22277]	[-0.47877]	[0.45165]
D[T(-1)]	0.160122	0.002083	0.082789	-0.018167	0.109178	-0.046640	0.010000	-0.188113	0.218708	-0.188776
	(0.27523)	(0.06130)	(0.28535)	(0.02928)	(0.04999)	(0.04349)	(0.04239)	(0.44336)	(0.19431)	(0.82788)
	[0.58177]	[0.03397]	[0.29014]	[-0.62050]	[2.18394]	[-1.07245]	[0.23587]	[-0.42429]	[1.12559]	[-0.22802]
D[Z(-1)]	0.344462	-0.003622	0.265278	-0.005730	0.065005	0.009792	-0.022666	0.172189	0.828518	0.843495
	(0.22579)	(0.05029)	(0.23409)	(0.02402)	(0.04101)	(0.03568)	(0.03478)	(0.36372)	(0.15940)	(0.67917)
	[1.52558]	[-0.07201]	[1.13324]	[-0.23854]	[1.58506]	[0.27446]	[-0.65171]	[0.47342]	[5.19766]	[1.24196]
D[S(-1)]	-0.159090	0.022528	-0.003859	-0.005979	-0.018984	-0.002810	0.004024	0.046447	-0.037744	0.159325
	(0.07347)	(0.01636)	(0.07617)	(0.00782)	(0.01334)	(0.01161)	(0.01132)	(0.11834)	(0.05186)	(0.22098)
	[-2.16550]	[1.37669]	[-0.05067]	[-0.76504]	[-1.42265]	[-0.24203]	[0.35559]	[0.39248]	[-0.72773]	[0.72099]
C	89.60478	1.597383	53.12693	1.125391	18.91164	10.68848	-6.923264	78.91109	49.14007	179.0852
	(48.8113)	(10.8722)	(50.6051)	(5.19239)	(8.86578)	(7.71259)	(7.51854)	(78.6281)	(34.4594)	(146.821)
	[1.83574]	[0.14692]	[1.04983]	[0.21674]	[2.13310]	[1.38585]	[-0.92083]	[1.00360]	[1.42603]	[1.21975]
R^2	0.945650	0.804580	0.575915	0.350318	0.884382	0.181658	0.846769	0.193918	0.657898	0.309763

续表

误差修改	D (Y)	D (K)	D (L)	D (P)	D (H)	D (E)	D (I)	D (T)	D (Z)	D (S)
调整的 R^2	0.917181	0.702217	0.353775	0.010008	0.823820	-0.246997	0.766504	-0.228316	0.478702	-0.051790
Sum sq. resids	132782.0	6587.647	142720.7	1502.564	4380.590	3315.118	3150.402	344551.5	66178.23	1201373
S. E. equation	79.51700	17.71151	82.43921	8.458763	14.44298	12.56435	12.24823	128.0907	56.13684	239.1824
F - statistic	33.21697	7.860063	2.592575	1.029410	14.60293	0.423787	10.54978	0.459267	3.671382	0.856758
Log likelihood	-183.7743	-134.2163	-184.9652	-109.8289	-127.4841	-122.8857	-122.0448	-199.5076	-172.2844	-220.1157
Akaike AIC	11.86511	8.861594	11.93729	7.383571	8.453581	8.174891	8.123928	12.81864	11.16875	14.06762
Schwarz SC	12.40929	9.405778	12.48147	7.927755	8.997766	8.719075	8.668112	13.36283	11.71293	14.61180
Mean dependent	223.9812	16.55906	7.939603	0.162318	24.41242	18.92061	15.84939	64.04182	47.56455	296.7706
S. D. dependent	276.3096	32.45677	102.5514	8.501413	34.40949	11.25142	25.34744	115.5746	77.75079	233.2194

Determinant resid covariance (dof adj.)	5.75E+27
Determinant resid covariance	6.26E+25
Log likelihood	-1448.340
Akaike information criterion	95.65700
Schwarz criterion	101.5523

$$+C(1, 6) \times D[E(-1)] + C(1, 7) \times D[I(-1)]$$

$$+C(1, 8) \times D[T(-1)] + C(1, 9) \times D[Z(-1)]$$

$$+C(1, 10) \times D[S(-1)] + C(1, 11)$$

$$D(Y) = 0.184431838166 \times Y(-1) - 1.66577836431 \times K(-1)$$

$$+0.0982861257698 \times L(-1) + 3.48016626964 \times P(-1)$$

$$-8.74749701899 \times H(-1) + 2.10697676377 \times E(-1)$$

$$+4.53884217957 \times I(-1) - 1.19634635818 \times T(-1)$$

$$+0.08357045721 \times Z(-1) - 0.0121757054067 \times S(-1)$$

$$-201.838632599) + 0.120452704638 \times D[Y(-1)]$$

$$+1.86185478282 \times D[K(-1)] - 0.239379168191$$

$$\times D[L(-1)] - 0.239005852182 \times D[P(-1)]$$

$$+2.37810014551 \times D[H(-1)] - 0.730089490586$$

$$\times D[E(-1)] + 5.67625468223 \times D[I(-1)]$$

$$+0.16012187245 \times D[T(-1)] + 0.344461618612$$

$$\times D[Z(-1)] - 0.159089920133 \times D[S(-1)]$$

$$+89.6047839985$$

四 格兰杰因果关系检验

协整检验说明变量之间存在长期均衡关系，但是否构成因果关系，还需要进一步检验。经济学家开拓了一种可以用来分析变量之间的因果办法，即格兰杰因果关系检验。该检验方法为 2003 年诺贝尔经济学奖得主克利夫·格兰杰（Clive W. J. Granger）所开创，用于分析经济变量之间的因果关系。他给因果关系的定义为"依赖于使用过去某些时点上所有信息的最佳最小二乘预测的方差"。

在时间序列情形下，两个经济变量 X、Y 之间的格兰杰因果关系定义为：若在包含了变量 X、Y 的过去信息条件下，对变量 Y 的预测效果要优于只单独由 Y 的过去信息对 Y 进行的预测效果，即变量 X 有助于解释变量 Y 的将来变化，则认为变量 X 是引致变量 Y 的格兰杰原因。

如果变量 X 有助于预测 Y，即根据 Y 的过去值对 Y 进行回归时，如果再加上 X 的过去值，能够显著增强回归的解释能力，则称 X 是 Y 的格兰杰原因，否则称为非格兰杰原因。其检验模型为：

$$y_t = C + \sum_{t=1}^{p} \alpha_i \triangle y_{t-i} + \sum_{j=1}^{q} \beta_j \triangle x_{t-j} + \varepsilon_{t1} \tag{4-26}$$

检验的零假设为：x 是 y 的非格兰杰原因，即 H_0：$\beta_1 = \beta_2 = \cdots = \beta q$ = 0。若零假设成立，则有：

$$y_t = C + \sum_{t=1}^{p} \alpha_i \triangle y_{t-i} + \varepsilon_{t0} \qquad (4-27)$$

令式（4 - 26）的残差平方和为 SSE_1，式（4 - 27）的残差平方和为 SSE_0，则：

$$F = \frac{(SSE_1 - SSE_0)\ /q}{SSE_0 /\ (T - q - p - 1)}$$ 应服从自由度为（q，T - p - q - 1）的 F 分布，其中，T 为样本容量，p、q 分别为 y 和 x 的滞后阶数，滞后阶数的确定，可根据赤池信息准则（AIC）来确定。比较 F 统计量与临界值的大小即可得检验结果。如果 F 大于临界值就拒绝零假设 H0：x 是 y 的格兰杰原因，若 F 小于临界值，则不能拒绝零假设：这就意味着 x 不是 y 的"格兰杰原因"。

对上述要素进行 VECM 基础上的格兰杰因果关系检验，如表4 - 8 所示：

从表4 - 8 中可以看出，在短期范围内，农林水事务公共预算财政支出、交通和通信支出、农机总动力三个因素对农民人均纯收入有影响，而其他因素则影响不大。

表4 - 8   因果关系检验

VEC Granger Causality/Block Exogeneity Wald Tests

Date：02/11/14 Time：10：13

Sample：1978 2012

Included observations：33

Dependent variable：D(Y)

Excluded	χ^2	df	Prob.
D(K)	4.682381	1	0.0305
D(L)	2.022157	1	0.1550
D(P)	0.010830	1	0.9171
D(E)	0.204966	1	0.6507
D(H)	1.977387	1	0.1597
D(I)	30.26102	1	0.0000
D(T)	0.338458	1	0.5607
D(Z)	2.327389	1	0.1271
D(S)	4.689391	1	0.0303
All	60.71563	9	0.0000

第四节　生产要素贡献度测算

为了得到系数 A 的意义，需要在求得物质资本、人力资本和劳动力产出弹性基础上，反过来求取不同时期 A 对产出的贡献度，这时，系数 A 不再是常量，而是一个时间序列的变量：

由 $Y_t = F(K_t, L_t, P_t, H_t, T_t, I_t, E_t, Z_t, S_t, t) = A(t) K_t^{\alpha} L_t^{\beta} P_t^{\gamma} H_t^{\delta} T_t^{\theta} I_t^{\omega} E_t^{\xi} Z_t^{\eta} S_t^{\mu}$ 得出：

$\ln Y_t = \ln A(t) + \alpha \ln K_t + \beta \ln L_t + \gamma \ln P_t + \delta \ln H_t + \theta \ln T_t + \omega \ln I_t + \xi \ln E_t + \eta \ln Z_t + \mu \ln S_t$ 由上式又可以推出：

$$(\ln Y_t)' = (\ln A(t))' + \alpha(\ln K_t)' + \beta(\ln L_t)' + \gamma(\ln P_t)' + \delta(\ln H_t)'$$
$$+ \theta(\ln T_t)' + \omega(\ln I_t)' + \xi(\ln E_t)' + \eta(\ln Z_t)' + \mu(\ln S_t)'$$

我们知道当因变量 y 随着 x 变化而变化的值很小时，$(\Delta y)_x = (dy)_x$，在该模型中，可以得出产出量 Y 的年增长率是 $y = \dfrac{\Delta Y}{Y_t} \approx \dfrac{dY_t}{Y_t} = (\ln Y_t)'$，各部分变量求导就是该变量的年增长率。

由上面的证明可以得出：

$$\frac{\Delta Y}{Y_t} = \frac{\Delta A}{A_t} + \alpha \frac{\Delta K}{K_t} + \beta \frac{\Delta L}{L_t} + \gamma \frac{\Delta P}{P_t} + \delta \frac{\Delta H}{H_t} + \theta \frac{\Delta T}{T_t} + \omega \frac{\Delta I}{I_t} + \xi \frac{\Delta E}{E_t} + \eta \frac{\Delta Z}{Z_t} + \mu \frac{\Delta S}{S_t}$$

其中：

$\dfrac{\Delta Y}{Y_t}$ 为农民年均纯收入增长率；

$\dfrac{\Delta A}{A_t}$ 为综合要素生产率；

$\dfrac{\Delta K}{K_t}$ 为农林水事务公共预算财政支出增长率；

$\alpha \dfrac{\Delta K}{K_t}$ 为农林水事务公共预算财政支出生产率；

$\dfrac{\Delta L}{L_t}$ 为第一产业从业人员增长率；

$\beta \dfrac{\Delta L}{L_t}$ 为第一产业从业人员生产率；

$\dfrac{\Delta P}{P_t}$ 为农业生产资料价格指数增长率；

$\gamma \dfrac{\Delta P}{P_t}$ 为农业生产资料价格指数生产率；

$\dfrac{\Delta H}{H_t}$ 为文化教育娱乐用品及服务支出和医疗保健支出增长率；

$\delta \dfrac{\Delta H}{H_t}$ 为文化教育娱乐用品及服务支出和医疗保健支出生产率；

$\dfrac{\Delta T}{T_t}$ 为粮食牧渔产量增长率；

$\theta \dfrac{\Delta T}{T_t}$ 为粮食牧渔产量生产率；

$\dfrac{\Delta I}{I_t}$ 为交通和通信支出增长率；

$\omega \dfrac{\Delta I}{I_t}$ 为交通和通信支出生产率；

$\dfrac{\Delta E}{E_t}$ 为化肥施用折纯量增长率；

$\xi \dfrac{\Delta E}{E_t}$ 为化肥施用折纯量生产率；

$\dfrac{\Delta Z}{Z_t}$ 为有效灌溉面积增长率；

$\eta \dfrac{\Delta Z}{Z_t}$ 为有效灌溉面积生产率；

$\dfrac{\Delta S}{S_t}$ 为农机总动力增长率；

$\mu \dfrac{\Delta S}{S_t}$ 为农机总动力生产率。

则可以得出各要素的贡献率为：

$\dfrac{\Delta A}{A_t} \bigg/ \dfrac{\Delta Y}{Y_t}$ 为综合要素的贡献率；

$\alpha \dfrac{\Delta K}{K_t} \bigg/ \dfrac{\Delta Y}{Y_t}$ 为农林水事务公共预算财政支出的贡献率；

$\beta \dfrac{\Delta L}{L_t} \bigg/ \dfrac{\Delta Y}{Y_t}$ 为第一产业从业人员的贡献率；

$\gamma \dfrac{\Delta P}{P_t} \bigg/ \dfrac{\Delta Y}{Y_t}$ 为农业生产资料价格指数的贡献率；

$\delta \dfrac{\Delta H}{H_t} \bigg/ \dfrac{\Delta Y}{Y_t}$ 为文化教育娱乐用品及服务支出和医疗保健支出的贡献率；

$\theta \dfrac{\Delta T}{T_t} \bigg/ \dfrac{\Delta Y}{Y_t}$ 为粮食牧渔产量的贡献率；

$\omega \dfrac{\Delta I}{I_t} \bigg/ \dfrac{\Delta Y}{Y_t}$ 为交通和通信支出的贡献率；

$\xi \dfrac{\Delta E}{E_t} \bigg/ \dfrac{\Delta Y}{Y_t}$ 为化肥施用折纯量的贡献率；

$\eta \dfrac{\Delta Z}{Z_t} \bigg/ \dfrac{\Delta Y}{Y_t}$ 为农田有效灌溉面积的贡献率；

$\mu \dfrac{\Delta S}{S_t} \bigg/ \dfrac{\Delta Y}{Y_t}$ 为农机总动力的贡献率。

综上所述，将数据代入各变量即得到各生产要素的贡献率（见图 4 -
2），则各个要素的平均贡献率为：

$$E_k = \frac{k}{y} = \frac{0.154279263}{0.133974736} = 1.151554898;$$

$$E_l = \frac{l}{y} = \frac{0.004420812}{0.133974736} = 0.032997357;$$

$$E_p = \frac{p}{y} = \frac{0.002161248}{0.133974736} = 0.01613176;$$

$$E_h = \frac{h}{y} = \frac{0.154692598}{0.133974736} = 1.154640069;$$

$$E_t = \frac{t}{y} = \frac{0.039619372}{0.133974736} = 0.295722709;$$

$$E_i = \frac{i}{y} = \frac{0.180353304}{0.133974736} = 1.346173986;$$

$$E_e = \frac{e}{y} = \frac{0.078423595}{0.133974736} = 0.585361075;$$

$$E_z = \frac{z}{y} = \frac{0.00991054}{0.133974736} = 0.073973198;$$

$$E_s = \frac{s}{y} = \frac{0.073524113}{0.133974736} = 0.548790878。$$

由上面的式子可以看出，在影响河南省农民收入的要素中，第一产业
从业人员、农业生产资料价格指数和农田有效灌溉面积三个要素对农民收
入的贡献相对较小，而农林水事务公共预算财政支出、文化教育娱乐用品
及服务支出和医疗保健支出、交通和通信支出的贡献相对较大，这和前文
协整检验的分析基本上是一致的。所以，大力提高农村农民交通和通信水
平，对于提高农民收入具有重要作用。

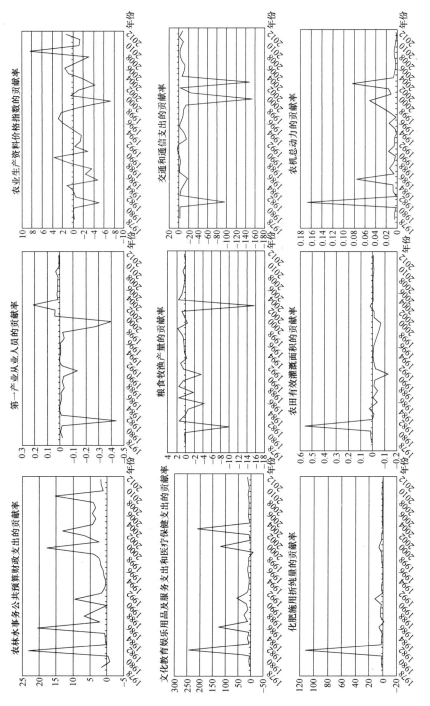

图 4 - 2　河南省农民增收各要素贡献率

第五节　模型分析的结论

在河南省农民增收过程中，各要素的贡献率大致可以分为三个阶段：

第一阶段是 20 世纪 90 年代以前，各要素的贡献率相对来说较高，因为是改革开放初期，农业经济在量上实现了一个飞跃，农林水事务公共预算支出、文化教育娱乐用品及服务支出和医疗保健支出、农机总动力、化肥施用折纯量和农田有效灌溉面积的贡献率相对较大，而第一产业从业人员、农业生产资料价格指数、粮食牧渔业产量、交通和通信支出的贡献率为负，原因在于 20 世纪 80 年代农业刚刚实行承包责任制，农业从业人员多，生产效率不高，农业生产资料的供应相对不足，粮食牧渔业产品还未完全放开进入市场流通，交通和通信支出的成本相对较大，因此贡献率相对来说较低，有的甚至为负。

第二阶段是 20 世纪 90 年代到 2000 年，各要素的贡献率出现了波动，这是因为农业经济在这一段时期开始进行结构调整，农林水事务公共预算支出不断增加，农民收入不断增加，文化教育娱乐用品及服务支出和医疗保健支出对农业、农村和农民的发展起到了一定的作用，农业生产资料价格指数也有了一定变化，农机总动力起到了一定的作用。而化肥施用折纯量、第一产业从业人员、粮食牧渔业产量、交通和通信支出、农田有效灌溉面积在经济增长到一定阶段时这些因素的贡献率下降，趋于稳定状态。因此，在这一阶段，各要素的贡献率变化相对较大。

第三阶段是 2000 年以来，各要素贡献率趋于平稳，农业经济不断进步，农民收入持续增加。随着农业现代化的持续发展，农业机械化越来越普及；同时，国家不断加大对农林水事务公共预算支出，农业生产资料价格指数趋于平稳，这些因素有利于提高生产效率，解放剩余劳动力，提高农民增收；与此同时，粮食牧渔业产量尽管仍是农民收入的主要来源，但是比重在下降，农田有效灌溉面积和化肥施用折纯量在农业发展到一定阶段后，对农业增产的影响不再增加，因此，各要素贡献率趋于平稳。

在河南省农民增收过程中，投入依然是农民增收的主要动力，而人力资本投入还有一定的增长空间。农林水事务公共预算支出、文化教育娱乐用品及服务支出和医疗保健支出贡献较大，是农民增收的主要来源，但是波动大、不稳定。这两项均是农业发展和农民增收过程中的投入部分，农林水事务公共预算支出是政府投资农业基础设施，对于农业的长期发展和农业现代化的实现具有基础性作用，是保障农业不断发展的前提；而文化教育娱乐用品及服务支出和医疗保健支出则是农业上对劳动力的投入，是对劳动力素质的投资，且受到农民素质、科技推广、文化、地域等方面的限制，因此农户固定资产投资波动较大，也是农民收入的主要来源。

在农民增收过程中，有些要素如农田有效灌溉面积、化肥施用折纯量只在农民增收的初期作用比较明显，水利设施也在不断改善，贡献率趋于稳定，而到后期贡献率相对较低。随着农业经济的不断发展，单单依靠要素增加是不行的，必须依靠科技，寻找新的增长点，才能实现经济的发展。而有些要素如农机总动力贡献率相对较高，这和农业现代化发展的趋势是一致的。农业生产资料价格指数则是农业发展过程中物质资料投入价格变动对农民增收的影响，也是农民进行扩大再生产的重要影响因素。

在农民增收过程中，第一产业从业人员、粮食牧渔业产量、交通和通信支出的贡献率一直变化不大，且在一定时间段内为负。河南省第一产业从业人员在长时间内都是人口过多，且素质不高，不仅不能有效地推动农民增收，而且在一定程度上阻碍了农民收入的增长。粮食牧渔业产量的增加不能有效实现农民增收。粮食、棉花和油料的产量在不断增加，但是对农民增收的贡献率却不断变化，因为农产品价格不稳定，不能做到增产增收，影响农民种粮的积极性，并影响农民收入。

上面分析可以看出，在河南省农业现代化背景下，农民增收的各因素贡献率在 2000 年以后相对平稳，贡献率也在稳定增加。因此，为了能使河南省农民收入不断持续增加，要提升农业经济发展的综合能力；要加大资金投入力度，增强对农村劳动者的投入力度，包括人口总数和综合素质；提高农业科技推广利用效率，尤其是在化肥使用上，要提高效率，提升科技在农民增收中的作用。

第六节　小结

　　本章依据河南省农业现代化与农民增收的关系，对河南省统计年鉴1978—2012 年的数据进行模型分析，实证分析验证假说的正确性，得出投入对农民收入的推动作用最大，农业经济的不断发展也是农民增收的基础和保证。

第五章　河南省农业现代化和农民
增收总体思路与对策

　　基于农业现代化理论的农民增收依据一个内在的逻辑：农业经济发展→增加农民收入→农民进一步投资→推动农业现代化开展→进一步促进农业经济发展→进一步增加农民收入。农民收入在农业经济中起着承上启下的作用，它一方面能够推动农业发展，另一方面又是提高人民生活水平的主要来源，也是扩大再生产的来源，所以，农民增收是农业发展的重中之重。

第一节　河南省农业现代化和
农民增收总体思路

　　今后一个时期，农业农村工作要以邓小平理论、"三个代表"重要思想、科学发展观为指导，按照"稳定政策、改革创新、持续发展"的总要求，力争在体制机制创新上取得新突破，在现代农业发展上取得新成就，在社会主义新农村建设上取得新进展，为保持经济社会持续健康发展提供有力支撑。

一　总体思路

　　河南省农业现代化与农民增收的总体思路：以科学发展观为指导，贯彻落实中原经济区建设总体战略，把推进农业现代化、稳定提高农业综合生产能力作为建设中原经济区的基础和重要任务，坚持以粮为基、统筹"三农"、推动全局，依据"全链条、全循环、高质量、高效益"发展理念，大力转变农业发展方式，使规模稳健增长、质量加快提升，积极构建集良种繁育、规模生产、精深加工、物流销售和循环利用于一体的现代农业产业体系，深入推进农业结构战略性调整，推动农业产业升级，优化现代农业发展布局，进一步强化农业农村基础设施建设，继续搞好新农村建设，深化农村各项改革，提高农业现代化水平和农民生活水平，建设农民幸福生活的美好家园，努力探索一条农业现代化与工业化、城镇化协调推进的发展道路，将河南省建成全国重要的粮食稳定增长核心区和农产品生产加工基地，实现由农业大省向农业强省转变。

二　坚持正确的理论导向

党的十八大报告指出：坚持走中国特色新型工业化、信息化、城镇化、农业现代化道路，推动信息化和工业化深度融合、工业化和城镇化良性互动、城镇化和农业现代化相互协调，促进工业化、信息化、城镇化、农业现代化同步发展。

党的十八届三中全会指出：必须健全体制机制，形成以工促农、以城带乡、工农互惠、城乡一体的新型工农城乡关系，让广大农民平等参与现代化进程、共同分享现代化成果。要加快构建新型农业经营体系，赋予农民更多财产权利，推进城乡要素平等交换和公共资源均衡配置，完善城镇化健康发展体制机制。

（一）坚持党的方针政策

党的十八大和十八届三中全会合理布局全面深化改革的战略重点、优先顺序、主要方向、工作机制、推进方式和时间表、路线图等，形成了改革理论和政策的一系列新突破，是新时期全面深化改革的指南。在河南省农业现代化和农民增收的研究过程中，要充分认识中央领导集体带领全党全国各族人民取得的新的重大成就，与中央保持高度一致，正确把握全会对全面深化改革的战略部署，积极推进农业、农村、农民体制改革，依靠改革打开新局面，巩固和发展农业农村经济好形势，推动现代农业加快发展，增加农民收入。还要结合河南省粮食主产区发展定位和中原经济区发展规划，采取多种形式推进农村改革，提高广大农民参与改革的积极性，从而进一步增强农业、农村发展活力。

目前，河南省经济社会发展正处在转型期，中原经济区建设正在不断发展，农业、农村发展和农民增收所面临的环境更加复杂、困难更多、挑战更大，尤其是《国家新型城镇化规划（2014—2020年）》的出台，对农业现代化的发展提出更高要求，这就要求工业化、信息化、城镇化和农业现代化协同发展，既要做到发展经济，又要保护粮食生产；既要做到发展农业现代化，又要保障农民增收、农业增产，还要走可持续发展道路，协调好经济发展与资源环境承载能力之间的关系。这就要求我们要做好农业现代化和农民增收，就必须全面贯彻落实党的十八大和十八届三中全会精神，进一步解放思想、改革创新、破除体制弊端，坚持农业的基础地位不动摇。

（二）坚持科学发展观，建设具有中原地域特色的新型农业现代化

河南省地处北亚热带和暖温带地区，气候温和、日照充足，降水丰沛，适宜于农、林、牧、渔各业发展。其特点是过渡性明显，地区差异性显著，温暖适中，但是季风性显著，灾害性天气频繁。河南省地质条件复杂，地层系统齐全，构造形态多样，土壤类型繁多。与此同时，河南省的特殊情况是人多地少、资源约束严重、"三农"问题突出，因此在农业现代化过程中，要注意合理利用资源，利用高新技术节约能源，发展生态农业，坚持可持续发展。

农业是我国国民经济的基础，因此，发展农业现代化，就必须坚持科学发展观，注意保障国家粮食安全，夯实现代农业的产业基础；着力调整农业产业结构，建立以龙头企业自建基地为核心圈、不断向周边区域延伸和扩展的规模化优质原料基地，完善农村市场体系，进一步促进农业产业化发展，提高现代农业的装备水平，建立健全助农增收的长效机制。同时，要在农业现代化发展中坚持科学发展观，就必须坚持可持续发展，实施科教兴农战略，加大农业科技开发和推广的力度，加强新技术、新品种的研究、推广和运用，通过技术承包、防疫承包、小分队服务，以及派驻科技和防疫特派员等方式，普及农业科技基本知识，强化农民的农业技术培训，而进一步提高农民的科学文化素质。

在当前新的国际、国内形势下，要把坚持科学发展观和发展农业现代化结合起来，就要一切从实际出发，分析影响农业可持续发展的因素，切实帮助农民解决好生产和生活中的实际困难，不断完善社会主义市场体系，发展高产、优质、高效、生态、安全的农业，促进园艺产品、畜牧产品、水产品的规模化种养，加快发展设施农业、农产品加工业、物流运输业，促进农业生产实现标准化、专业化、规模化。

（三）转变农业发展方式，构建生态友好型农业

转变农业发展方式，构建生态友好型农业是贯彻落实科学发展观的根本要求，是实现农业现代化的必然选择。只有加快转变农业发展方式，构建生态友好型农业，才能突破河南省农业发展和农民增收的"瓶颈"，提

高农业发展的核心竞争力。因此，要改善农业现代化发展和农民增收的要素投入结构，提高资源配置效果，推动产业结构优化升级。

农业是高度依赖资源条件、直接影响自然环境的产业，农业的资源利用方式对实现可持续发展具有重要影响。要缓解河南省农业发展所面临的资源环境约束，从根本上转变农业发展方式，构建生态友好型农业，要提高农业资源，尤其是土地资源、水资源的利用效率，严格执行耕地保护制度和集约节约用地制度，推广农业节本增效技术，发展绿色生态农业，促进农业资源永续利用和可持续发展。在保持主要农产品生产稳定发展的同时，实行耕地、林地、水等农业资源的休养生息。

建立资源节约型、生态友好型农业生产体系，就是按照科学发展观要求，以提高农业资源的利用效率和重点保护生态环境为发展核心，以节地节水、节肥节药、节种节能、资源综合循环利用和农业生态环境建设保护为发展重点，推广应用节约型的耕作模式、播种方法、灌溉方式等，大力推广应用能够减少农业资源污染，减少农业废弃物堆积，减少生态破坏和水土流失的环保型技术，培养农村、农民的资源节约和环境保护理念，发展持续、稳定、健康、集约、循环、生态的农业形态，促进农村和农村的全面发展。

三　坚持全面协调综合发展

农业的持续健康发展，关系整个国民经济的稳定和发展。农业、农村和农民问题，在建设有中国特色社会主义的伟大事业中，始终是一个极其重要的基础性和战略性问题。把农业放在经济工作的首位，是我们党一以贯之的思想。

河南作为全国农业大省、人口大省、国家粮食主产区，全省土地总面积16.7万平方公里，人口接近1亿，河南始终高度重视"三农"工作，把农业生产，尤其是粮食生产放在突出位置，要在确保国家粮食安全的前提下，进一步巩固加强农业的基础地位，巩固、完善和加强支农惠农政策，进一步激发各方面尤其是广大农民种粮的积极性，保持粮食优质高产的良好势头，实现农民增收和农业现代化发展，进一步巩固和加强农业基础地位，推动农业发展方式转变，提高农业现代化水平，走出一条具有中原区域特色的农业现代化道路。

（一）工业化、信息化、城镇化与农业现代化协同发展

农业现代化是以新型工业化、新型城镇化发展为基础，以转变农业发

展方式为主线，夯实农业基础、强化科技支撑、推进产业融合、保护农业生态、改善农村民生，实现农业生产要素集约化、农业产业化、农民专业化、农区工业化、农村社区化，不断提升新型农业现代化基础地位。新型工业化发展过程中引发人力资源、资本、生产、消费等向城镇集中，促进产业竞争力增强、资源与环境协调、人力资源的有效开发等，推动了产业由劳动和资本密集型为主向知识密集为主转变，既吸纳农村剩余劳动力，又为农业现代化发展创造技术条件和提供坚实的资金保障，而新型工业化所带来的技术和运作模式的持续进步，推动着农业现代化向纵深发展。同时，新型城镇化的发展会推动城镇规模、发展层次、技术进步、生活环境、人才发展及创新等方面的改善，而这些既为新型工业的发展提供了发展空间，又为推动农村人口合理流动、打破二元城乡结构提供了条件，对农产品提出更高的要求，以促进农业经济结构优化调整，采用新技术、新模式，实现农业现代化的纵深发展。

（二）保障粮食等重要农产品供给与资源环境承载能力相协调

当前，河南省正处在经济社会发展的重要战略转型期，特殊的自然历史条件使得河南省的农村改革所面临的环境更是复杂多样，困难重重，因而就需要综合协调河南省的工业化、信息化和城镇化协调发展，齐头并进。一方面，必须要能够保障粮食等重要农产品的充足供给；另一方面，还必须要在河南省资源环境的承载能力之内。这就需要我们必须破除各种机制弊端，使农业生产与资源环境的成长能力协调发展，在保护生态资源环境的同时，保障粮食等重要农产品的充分供给。

在农业现代化进程中，还要始终把改革作为最根本的动力，立足河南省农业的特殊情形，坚持家庭经营与多种经营形式并存，传统耕作模式与现代耕作模式并存，兼顾农业产出与资源生态环境，政府保护系统与市场配置资源并存。立足农业资源，立足农民实情，立足长远发展，以食品安全为目标，以生态环境的保护为目标，以持续稳定发展为目标，走出一条规模适度、技术一流、市场稳定、生态和谐的现代农业道路。

（三）传统精耕细作与现代物质技术装备相辅相成

针对河南省的农业生产环境，传统的精耕细作固然是必不可少的，尤其是在偏远农村，农民文化知识水平不高、土地不成规模、人均耕地面积偏少等情况下，就更加需要保留传统的精耕细作。但是，对于具备一定规模的土地，是需要有现代化的机械，现代化的设备，现代化的科技，现代化的理念，因而现代物质技术装备也同样是制约河南省农业进一步发展的重要"瓶颈"之一，需要加大力度予以突破。

在今后较长的一段时期内，河南省农业、农村、农民工作要坚持把邓小平理论、"三个代表"重要思想、科学发展观作为重要理论指导，始终把改革作为根本动力，立足国情农情，顺应时代要求，推进中国特色农业现代化，保障农民增收，从而为保持经济社会持续健康发展提供有力支撑。

四 坚持农业基本经营体制

党的十八大报告中指出，要坚持和完善农村基本经营制度，依法维护农民土地承包经营权、宅基地使用权、集体收益分配权，壮大集体经济实力，发展农民专业合作和股份合作，培育新型经营主体，发展多种形式规模经营，构建集约化、专业化、组织化、社会化相结合的新型农业经营体系。

（一）坚持家庭经营为基础与多种经营形式共同发展

在我国农业现代化过程中，家庭承包经营蕴藏着巨大的潜力，具有广阔的发展前景，不存在生产力水平提高以后改变家庭经营基础性地位的问题，家庭经营现在是、将来也是我国农业最基本的经营形式。坚持农业家庭经营的基础性地位，关键是在坚持土地集体所有的前提下，承认农民拥有独立的土地承包权。这对解决集体土地缺乏人格化的产权主体问题、探索集体经济实现形式，具有重要的意义。

（二）加强政府支持保护与发挥市场配置资源决定性作用的功能

农业是国民经济的基础，也是经济发展、社会安定、国家自立的基础，因此，发展农业、稳定农业、促进农业现代化的发展、提高农民收入是目前我国制定农村政策的首要任务。为了有效地配置农业资源，解放和发展农村社会生产力，要坚定不移地强化市场的主体地位，顺应市场供求规律，完善粮食等重要农产品价格形成机制，完善农村土地要素市场，推动农业市场化发展。同时还应该看到，农业是一个社会效益高而自身效益低的产业，市场失灵现象在农业中表现更为突出，要想提高农业现代化的程度，就必须坚持政府的干预和保护，把解决好"三农"问题作为全党工作的重中之重，千方百计地巩固农业基础地位，不断增加农业的资金和物质投入，改善农业生产条件。

（三）加快构建新型农业经营体系

新型农业经营体系是以家庭承包经营为基础、统分结合的双层经营体制，是我国农村改革取得的重大历史性成果，是广大农民在党的领导下的伟大创造，适合国情，适应社会主义市场经济体制，符合农业生产特点，能极大调动农民积极性和解放发展农村生产力，为改革开放以来我国农业农村历史性变化提供了坚实制度基础，是中国特色社会主义制度的重要组成部分，必须毫不动摇长期坚持。

现代农业的特征决定了必须还要有一整套与之相适应的经营方式，就决定了必须构建一个绿色、环保、无污染的新型农业发展体系，要加大农业人力资本投资，加强政府的科技扶持和基础设施建设，大力培育新型农民，发展多种形式的农业规模经营，从而适应河南省农业发展中所面临的诸多困难和挑战。

（四）大力发展优质安全农产品

党的十八大和十八届三中全会对生态文明建设提出了明确要求。农业可持续发展是生态文明建设的重要内容，必须把生态环境可持续作为农业现代化的重要目标，协调兼顾实现高产高效与资源生态永续利用，以解决好地少水缺的资源环境约束为导向，大力发展循环农业、生态农业、节约型农业，形成资源节约、环境友好的农业发展格局，建立健全农业可持续发展长效机制。农产品质量安全，事关城乡居民身体健康和生命安全，事关农民增收和农业发展，事关社会和谐和国家的持续稳定发展。随着收入的增加和生活水平的日益提高，人民群众的消费观念已由吃得饱向更加注重农产品品种多样且营养丰富转变，向更加注重消费农产品和食品的清洁安全转变。

第二节　河南省农业现代化和农民增收协同发展对策

一　加大农业投入和补贴力度

第一，加强政府对于农村固定资产和基础设施的投入，加大对农业的资金支持，加强对农民的免费培训，培训他们耕作知识，培训他们先进的农业技术，培训他们先进机械的操作方式，确保农民自觉自愿地进行农村人力资本投资，进行农业生产投资，进行农业科技投资和农业机械投资。

由于农业收入增长的有限性，使得农业很难立竿见影地看到进行人力资本、农业科技、农业机械投资的收入增长，这就使得大多农民不愿意进行下一步的农业投资，因而政府应在这些方面予以补贴，树立政府的正面引导作用，负担食品安全的附加成本，帮助农民培养一个良好的耕作习惯，鼓励农民进行人力资本、科技、环保、生态、机械投资。

第二，加大对农民购买农用机械的补贴规模和补贴范围，进一步完善农业补贴机制。采用资金扶持、补贴、免费维修农业机械、免费保养农业机械、免费培训机械操作方法等政策，鼓励农民投资购买先进的农业所用机械设备，加速农业机械的应用推广，推进农业机械化，提高农业生产效率，将大量的农业劳动力解放出来。加大村级公益事业建设一事一议财政奖补力度，积极引导农民和社会资金投入"三农"。加强各项补贴经费的使用监督机制，杜绝一切违规乱纪的非法挪用、非法占有，保障一分钱都被切实起到成效。

第三，提高农村的金融服务水平。近年来，河南省农民的家庭人均纯收入逐步增长，农民生活条件日渐趋好，但是城乡收入差距问题依然使农民从事农业劳动积极性不好，他们中间有很多人宁愿将土地撂荒、外出打工挣钱。还有一部分人虽然以农业为生，但由于有限或是眼光有限，他们不愿意进一步投资农业。因而就需要提高农村的金融服务水平，尽快实现农民贷款机制，是农民自愿地从事农业，积极地投身农业，只有这样，才能激发农业更多的创新与产出效率。

为此，政府部门应该在政策制定的时候多加引导，逐步增加农村信贷资金，完善农业贷款激励机制，健全农业金融服务考评机制，引导县镇银行业强化农村信贷。还要健全农户信用评价机制，推进农村信用体系建设，进一步深化农村信用社改革，鼓励民间资本进入农村金融服务领域。加大对种养大户、农民专业合作社、县域小型微型企业的信贷投放力度。

二　完善农业科技创新机制

（一）整合农业科技资源

要整合农业科技资源建立产学研、农科教紧密结合的科技创新机制。创新是发展的源泉，是发展的不竭动力，当前农业领域依然如此。因而，我们要勇于打破部门之间、学科之间的界限，有效地整合农业科技资源，建立产学研、农科教紧密结合的科技协同创新机制。要进一步深化农业科研院所改革，实行定向委托和自主选题相结合的研究模式。此外，还要完善农业科研的评价机制，要着重实际问题，拒绝低水平的重复研究，拒绝假大空，要立足河南省农业实际，开发真正能够投入实际生产中的研究成果和研究报告，要重质量、轻数量，重应用、轻成果，反对一切为了研究而研究的形式主义。

（二）健全现代农业产业技术体系

要健全现代农业的产业技术体系，完善以产业需求为导向、以农产品为单元、以产业链为主线、以综合试验站为基点的新型农业科技资源组合模式。只有这样，才能及时发现和解决农业生产中的一些问题，充分实现针对问题来研究，针对困难来开发，针对实地来提高，针对农民来增收，使科研成果向实际生产力转化的距离尽可能地缩短再缩短。此外，还要大力培育发展龙头企业，以及以个别龙头企业为主导的农业产业技术创新联盟，发展涉农新兴产业。

（三）统一农业科技创新方向

当前，有个别农户存在片面追逐短期利益，过度损耗土地资源的现象，因而农业科技创新也同样要有一个统一的方向，即要面对产业需求，着眼于长远发展，坚决杜绝一切急功近利，为了个人政绩或是短期利益而损伤长远可持续发展的行为和科研。另外，所有科研都应以环境保护、资源节约、不可再生能源的替代为己任，要立足河南省的农业生产实际情况，把粮食安全、提高土地产出效率、提高农业劳动生产率为己任，追求一种生态、安全、环保、科学、高校的农业发展模式和农业耕作方式，实现增产增效、良种良法配套、机艺结合、生产协调，实现农业优质、高产、高效、生态、安全、持续发展。

三　强化农业技术推广服务

（一）强化农业技术推广服务

由于农业技术推广的初期往往都是一味地投入，很难看到回报，因而在强化农业技术推广服务的时候，要充分调动政府和公益力量，要建立健全基层农业技术推广服务能力，加速农业科学技术走向家庭经营、走向农户农民、走向农业生产第一线。健全乡镇或区域性农业专门技术的推广应用、农业作物一发疫病的防控、农产品质量安全的全面监管等公共服务机构，并完善农业技术推广服务机构的考评和激励机制，使它们切实起到应有的作用，切实把农业技术"零距离"、"零误差"地传送给农业一线的生产人员。

（二）加大农业推广的宣传力度

充分利用农村、农民常用的电视、广播、手机、报纸、互联网等媒体技术，为农民提供便捷高效、简明直观的农业信息服务。要在农业生产的不同时期，针对农业种植的不同用户有针对性地宣传推广相应的农业技术。扩大农村农业公共气象服务覆盖，提高农业气象灾害防御水平。

（三）引导科研机构积极开展研究

要从经费、资金、奖励等多方面引导高等学校的高学历人员、相应的农业科研院所的研究人员有针对性地开展科研工作，进一步强化他们服务"三农"的职责，吸引科研教学人员深入农业生产一线从事农技推广服务，在实践中挖掘问题、发现问题，研究分析问题进而解决问题。鼓励高等学校、科研院所建立专门的农业试验示范基地，实行专家、院校、农业生产人员联手，共同集成、熟化、推广农业技术成果。

四　加快农业科技人才培养

（一）培养新型农业科技人才

人才是农业兴旺的根本，是农业科技不断进步的重要保证，因而要立足于培养一批能够为农业生产一线服务的农业科技人才。首先，政府的人才工程要适度向农业领域倾斜，实施创新人才推进计划和农业科技人才培养计划，加强农业科技队伍的力量。其次，要在资金方面予以支持，对于涉农专业大学生在学费或是生活补贴上给予适度照顾，对于农业科技方面的课题、科研项目、试验配备等方面都给予支持。再次，还要定期开展农业科研研讨会、交流会，定期分层次、分类别地进行农业科技人员的再学习与再培训。最后，还要充分重视基础农业技术研究推广人员，开展农业技术推广服务计划，鼓励大学生到乡镇担任特岗人员。

（二）培养农村实用人才

高素质的农民队伍是农业发展的根本，是农业现代化的强大推动力量，因而要加强培养大批量的农村实用人才。首先，要充分发挥政府各部门作用，加大各类农村实用人才的培养力度，扩大农村实用人才的培训规模。其次，要鼓励农业企业实干家、大学生、农业方面的研究员到农村担任农业生产带头人，加强农业一线人员的理论素质。最后，要大力培育新型农民，将农民职业化，对未升学的农村高、初中毕业生给予免费培训各项农业技能，对符合条件的农村大学生返乡创业项目给予大力补助和贷款支持。

(三) 扩大农业教育规模

扩大农业院校对农村学生的招生规模，在资金、政策、技术各方面支持农村学生毕业后仍回农村从事农业生产，带动村庄农业科技的发展进步。实施卓越农林教育培养计划，加强农业科技和教育合作的人才培养基地建设。

第三节　小结

本章结合实证分析结论，设计了河南省农业现代化与增收协同发展的总体思路，提出在推进河南省农业现代化过程中，实现农民收入持续快速增长，解决农民增收问题的对策，即加大农业投入和补贴力度、完善农业科技创新机制、强化基层公益性农业技术推广服务、加快科技人才培养、培育和支持新型农业社会化服务组织等。

第六章　研究结论和政策建议

第一节　研究结论

本书依据研究特性，将研究的地域范围界定为河南下辖的 17 个省辖市、21 个县级市，88 个县，50 个市辖区，1841 个乡镇，558 个街道办事处，4105 个社区居委会，47140 个村委会；将研究涉及的河南省农业现代化界定为农业机械化、农村信息化、农田水利化、农业产业化、农民人力资本化和农业生态化六个方面。通过一系列相关分析，得出的研究结论主要有：

（1）河南省农业现代化与农民增收中的突出问题是：河南省农业基础设施落后，经营方式粗放、城乡居民收入差距扩大，农业发展后劲不足、河南省农业基础设施落后，经营方式粗放。

（2）河南省农业现代化与农民增收中问题的深层次原因是：陈旧的思想观念、粗放的经营方式、落后的技术条件、缺失的激励机制。

（3）河南省农业现代化与农民增收协同发展模型分析结论：在河南省农业现代化背景下，农民增收的各因素贡献率在 2000 年以后相对平稳，贡献率稳定增加。为了能使河南省农民收入持续增加，要提升农业经济发展的综合能力，加大资金投入力度，增强对农村劳动者的投入力度，提高农业科技推广的利用效率，提升科技在农民增收中的作用。

（4）河南省农业现代化与农民增收的总体思路：坚持以粮为基、统筹"三农"、推动全局，依据"全链条、全循环、高质量、高效益"的发展理念，大力转变农业发展方式，使规模稳健增长、质量加快提升，积极构建集良种繁育、规模生产、精深加工、物流销售和循环利用于一体的现代农业产业体系，深入推进农业结构战略性调整，推动农业产业升级，优化现代农业发展布局。

（5）实现农民收入持续快速增长，解决农民增收问题的对策是：加大农业投入和补贴力度、完善农业科技创新机制、强化基层公益性农业技术推广服务、加快科技人才培养、培育和支持新型农业社会化服务组织等。

（6）河南省农业现代化与农民增收协调发展的政策建议是：推进农业机械化、完善农田水利设备、培养新型农民、推进农村信息化、强化农业产业化、实现农业生态化。

第二节　政策建议

一　推进农业机械化

大力推进农业机械化全面协调可持续发展

农业机械化是现代农业的一个重要标志，是提高农业生产效率，解放农业生产力的一个重要途径，因而应从以下几个方面共同努力：

（1）要加大农业机械的科研力度，着重研发适合河南省自然地理状况以及耕作特色的机械设备，同时加大机械化宣传力度，使农民充分认识到机械对农业现代化以及农民收入增长的巨大推动作用，科学合理地运用农业机械。

（2）注意机械设备的维护和保养，及时更换陈旧设备，引进高新科技含量的农业机械，降低机械能耗，提高生产率。

（3）完善农业机械化税费优惠政策，实行农机跨区作业免费通行政策，扶持发展农机专业服务公司，全面鼓励机械化的推广应用。

二　完善农田水利设备

完善河南省农田水利设备，对于农民增收、国家粮食安全都具有相当重要的意义，要做到：

（1）强化发展节水灌溉技术，加大资金投入力度，立足河南省自然地理条件，结合河南省农作物需水状况以及水资源分布状况，研发独具河南省特色的节水灌溉技术，同时要完善小型农田水利建设，采取一定的奖励或者补助等优惠措施引导农民积极采用节水设备和技术，鼓励农民建设小型农田水利工程，并建立健全责任制，加强河流治理工作，改善农村水环境。

（2）加大农田水利设施建设力度。适应河南省当前以农户为生产单位的实际，探索新的农田水利设施建设模式，切实加大农田水利设施建设力度。既要注重大灌区建设，也要注重田间沟渠建设，做到统筹兼顾。

（3）加大投资力度。投资是农田水利设施建设的保障。多渠道投资。中央、地方财政共同投资建设灌区和主干渠；集体、农户投资建设支渠及田间渠道。明确分工，责任到位。同时，还可以鼓励社会力量投资兴修农村水利设施。加大投资监督力度。针对容易发生的农田水利设施投资被挪用、截留等问题，加强专项资金的划拨程序和监督力度，严厉惩处各种非法挪用资金的行为，将农田水利设施投资落到实处。

三　培养新型农民

新型农民是指有文化、懂技术、会经营的农民。在新的历史条件下，大力培育新型农民不仅是建设社会主义新农村的必然要求，也是从根本上解决农民增收问题的关键，培育新型农民需要做好以下工作：

（1）转变农村居民的陈旧观念，使其正确认识教育对于农民收入增长、农村经济发展的重要作用，鼓励农民人力资本投资。

（2）加强对农民综合文化知识技能培训，并且引导农民合理消费，改善农民健康、营养状况；要搞好农村成人教育、要抓好农村基础教育和农村全民教育，提高农民的文化知识水平，为农民提供尽可能多的教育、培训和咨询服务。

（3）加强对农民农业知识技能的培训，使农民对农业作物、农业科技有进一步的认识，提高农作物中的科技含量，倡导农民依靠科学技术提高产量、增加收入。要充分发挥农技推广和服务机构作用。必须建立健全农业科技推广体系，使素质高、能力强、愿意热心为群众服务的农业技术人员能够深入到基层，帮助农户解决在生产经营过程中遇到的问题和困难。

（4）鼓励和支持社会力量在农村投资兴办面向农民的各类职业技能培训机构，积极引导农业院校、农业职业教育培训机构根据农村市场需要和农业科技发展设置相应专业，开展农村知识技能型人才特别是高技能人才的培养。

四　推进农村信息化

完善农村道路、交通、教育、科学、文化、医疗、娱乐等各项基础设施。积极整合农村信息资源，推广资费优惠、接打便利的农村公益服务性电话，健全农村信息服务体系；积极探索各种有利于信息服务进入农村用户的途径和办法，健全农村信息收集、整理和发布的设备及机制，为农民和企业提供及时有效的信息服务。

五 强化农业产业化

（1）政府提供资金扶持。政府部门需要为农产品加工企业提供相应的设备引进、适量减税等资金扶持，鼓励农产品加工业的发展壮大。

此外，还要为农业产业化发展搭建信息平台，定期提供产品信息、技术支持、公共服务等信息，加强农产品加工企业与企业、企业与农户之间的沟通交流，确保信息通畅，使得所生产农产品切实适销对路。

（2）培育农业龙头企业。依托农业龙头企业，建立乡村自属的农产品生产基地，引导标准化种养企业所需农产品，使农业生产实现区域化发展，规模化种植，产业化经营。通过农产品加工企业发展带动农民增收，农产品基地建设。大力实施品牌战略，增加区域农产品知名度和美誉度。

（3）发展农民专业合作组织。发挥农业经济发展的桥梁作用。推行"企业＋合作社＋农户"、"企业＋合作社＋基地"发展模式，使合作组织一头连着企业，一头连着农户。

六 实现农业生态化

农业生态环境破坏、土壤退化、农产品质量安全等问题的凸显，要求我们必须走农业生态化发展、可持续发展的道路。

首先，政府部门要充分重视，大力整治农村生态环境污染现象。加大污染治理的资金投入，对于污染严重的乡村企业实行停业整顿。

其次，加大生态环境宣传力度，扭转农业生产单方面追求产出的陈旧思想观念，使农民真正树立环境保护意识，保护自己的生存环境，适度使用农药化肥等农业投入，追求农业环保的、可持续的长远发展。

最后，加强对农产品质量安全检查。要加强对农产品质量安全的全面检查，对于检查不合格的农产品进行彻底销毁，对相关农户、相关企业进行处罚，把好农产品生产源头关，坚持标准化生产，无公害生产。

第三节　研究的不足

河南下辖 17 个省辖市、21 个县级市，88 个县，50 个市辖区，1841 个乡镇，558 个街道办事处，4105 个社区居委会，47140 个村委会，点多线长面广，鉴于时间和经费的有限性，相关资料和数据收集不尽完善，致使文章研究结论存在诸多不足：

（1）文章仅以河南各市、县为单位，对农业现代化与农民增收中存在的问题进行分析，缺乏针对各个农村具体情况的具体分析。

（2）文章仅从农业机械化、农村信息化、农田水利化、农业产业化、农民人力资本和农业生态化六大方面对河南省农业现代化与农民增收问题进行分析，而这六个方面每个方面都牵涉众多，缺乏具体到各个层面的细化分析。

第四节　后续研究价值

本书研究的不足决定了其拥有后续研究价值：

（1）河南省各个农村（尤其是偏远农村）的农业现代化与农民增收问题差别较大，需要具体情况具体分析，因而针对每个市县里面的农村农业现代化与农民增收问题还有待进一步细化研究。

（2）农业现代化是一个系统化的长期性工程，它的高效率实现还依赖于高效的完善的基础设施建设、健全的市场机制以及相应的协调机构、法制环境等，因而对这些相关部门相关方面还有待于进一步研究。

附 录

2014年中央一号文件:《关于全面深化农村改革 加快推进农业现代化的若干意见》①

2013年,农业农村发展持续向好、稳中有进,粮食生产再创历史新高,城乡居民收入差距继续缩小,农村改革向纵深推进,农村民生有新的改善,农村社会保持和谐稳定。

我国经济社会发展正处在转型期,农村改革发展面临的环境更加复杂、困难挑战增多。工业化、信息化、城镇化快速发展对同步推进农业现代化的要求更为紧迫,保障粮食等重要农产品供给与资源环境承载能力的矛盾日益尖锐,经济社会结构深刻变化对创新农村社会管理提出了亟待破解的课题。必须全面贯彻落实党的十八大和十八届三中全会精神,进一步解放思想,稳中求进,改革创新,坚决破除体制机制弊端,坚持农业基础地位不动摇,加快推进农业现代化。

全面深化农村改革,要坚持社会主义市场经济改革方向,处理好政府和市场的关系,激发农村经济社会活力;要鼓励探索创新,在明确底线的前提下,支持地方先行先试,尊重农民群众实践创造;要因地制宜、循序渐进,不搞"一刀切"、不追求一步到位,允许采取差异性、过渡性的制度和政策安排;要城乡统筹联动,赋予农民更多财产权利,推进城乡要素平等交换和公共资源均衡配置,让农民平等参与现代化进程、共同分享现代化成果。

推进中国特色农业现代化,要始终把改革作为根本动力,立足国情农

---

① 新华网,http://news.xinhuanet.com/2014-01/19/c_119033371.htm。

情，顺应时代要求，坚持家庭经营为基础与多种经营形式共同发展，传统精耕细作与现代物质技术装备相辅相成，实现高产高效与资源生态永续利用协调兼顾，加强政府支持保护与发挥市场配置资源决定性作用功能互补。要以解决好地怎么种为导向加快构建新型农业经营体系，以解决好地少水缺的资源环境约束为导向深入推进农业发展方式转变，以满足吃得好吃得安全为导向大力发展优质安全农产品，努力走出一条生产技术先进、经营规模适度、市场竞争力强、生态环境可持续的中国特色新型农业现代化道路。

2014 年及今后一个时期，农业农村工作要以邓小平理论、"三个代表"重要思想、科学发展观为指导，按照稳定政策、改革创新、持续发展的总要求，力争在体制机制创新上取得新突破，在现代农业发展上取得新成就，在社会主义新农村建设上取得新进展，为保持经济社会持续健康发展提供有力支撑。

一　完善国家粮食安全保障体系

1. 抓紧构建新形势下的国家粮食安全战略。把饭碗牢牢端在自己手上，是治国理政必须长期坚持的基本方针。综合考虑国内资源环境条件、粮食供求格局和国际贸易环境变化，实施以我为主、立足国内、确保产能、适度进口、科技支撑的国家粮食安全战略。任何时候都不能放松国内粮食生产，严守耕地保护红线，划定永久基本农田，不断提升农业综合生产能力，确保谷物基本自给、口粮绝对安全。更加积极地利用国际农产品市场和农业资源，有效调剂和补充国内粮食供给。在重视粮食数量的同时，更加注重品质和质量安全；在保障当期供给的同时，更加注重农业可持续发展。加大力度落实"米袋子"省长负责制，进一步明确中央和地方的粮食安全责任与分工，主销区也要确立粮食面积底线、保证一定的口粮自给率。增强全社会节粮意识，在生产流通消费全程推广节粮减损设施和技术。

2. 完善粮食等重要农产品价格形成机制。继续坚持市场定价原则，探索推进农产品价格形成机制与政府补贴脱钩的改革，逐步建立农产品目标价格制度，在市场价格过高时补贴低收入消费者，在市场价格低于目标价格时按差价补贴生产者，切实保证农民收益。2014 年，启动东北和内蒙古大豆、新疆棉花目标价格补贴试点，探索粮食、生猪等农产品目标价格保险试点，开展粮食生产规模经营主体营销贷款试点。继续执行稻谷、小麦最低收购价政策和玉米、油菜籽、食糖临时收储政策。

3. 健全农产品市场调控制度。综合运用储备吞吐、进出口调节等手段，合理确定不同农产品价格波动调控区间，保障重要农产品市场基本稳定。科学确定重要农产品储备功能和规模，强化地方尤其是主销区的储备责任，优化区域布局和品种结构。完善中央储备粮管理体制，鼓励符合条件的多元市场主体参与大宗农产品政策性收储。健全"菜篮子"市长负责制考核激励机制，完善生猪市场价格调控体系，抓好牛羊肉生产供应。进一步开展国家对农业大县的直接统计调查。编制发布权威性的农产品价格指数。

4. 合理利用国际农产品市场。抓紧制定重要农产品国际贸易战略，加强进口农产品规划指导，优化进口来源地布局，建立稳定可靠的贸易关系。有关部门要密切配合，加强进出境动植物检验检疫，打击农产品进出口走私行为，保障进口农产品质量安全和国内产业安全。加快实施农业走出去战略，培育具有国际竞争力的粮棉油等大型企业。支持到境外特别是与周边国家开展互利共赢的农业生产和进出口合作。鼓励金融机构积极创新为农产品国际贸易和农业走出去服务的金融品种和方式。探索建立农产品国际贸易基金和海外农业发展基金。

5. 强化农产品质量和食品安全监管。建立最严格的覆盖全过程的食品安全监管制度，完善法律法规和标准体系，落实地方政府属地管理和生产经营主体责任。支持标准化生产、重点产品风险监测预警、食品追溯体系建设，加大批发市场质量安全检验检测费用补助力度。加快推进县乡食品、农产品质量安全检测体系和监管能力建设。严格农业投入品管理，大力开展园艺作物标准园、畜禽规模化养殖、水产健康养殖等创建活动。完善农产品质量和食品安全工作考核评价制度，开展示范市、县创建试点。

二 强化农业支持保护制度

6. 健全"三农"投入稳定增长机制。完善财政支农政策，增加"三农"支出。公共财政要坚持把"三农"作为支出重点，中央基建投资继续向"三农"倾斜，优先保证"三农"投入稳定增长。拓宽"三农"投入资金渠道，充分发挥财政资金引导作用，通过贴息、奖励、风险补偿、税费减免等措施，带动金融和社会资金更多投入农业农村。

7. 完善农业补贴政策。按照稳定存量、增加总量、完善方法、逐步调整的要求，积极开展改进农业补贴办法的试点试验。继续实行种粮农民直接补贴、良种补贴、农资综合补贴等政策，新增补贴向粮食等重要农产品、新型农业经营主体、主产区倾斜。在有条件的地方开展按实际粮食播种面积或产量对生产者补贴试点，提高补贴精准性、指向性。加大农机购置补贴力度，完善补贴办法，继续推进农机报废更新补贴试点。强化农业防灾减灾稳产增产关键技术补助。继续实施畜牧良种补贴政策。

8. 加快建立利益补偿机制。加大对粮食主产区的财政转移支付力度，增加对商品粮生产大省和粮油猪生产大县的奖励补助，鼓励主销区通过多种方式到主产区投资建设粮食生产基地，更多地承担国家粮食储备任务，完善粮食主产区利益补偿机制。支持粮食主产区发展粮食加工业。降低或取消产粮大县直接用于粮食生产等建设项目资金配套。完善森林、草原、湿地、水土保持等生态补偿制度，继续执行公益林补偿、草原生态保护补助奖励政策，建立江河源头区、重要水源地、重要水生态修复治理区和蓄滞洪区生态补偿机制。支持地方开展耕地保护补偿。

9. 整合和统筹使用涉农资金。稳步推进从财政预算编制环节清理和归并整合涉农资金。支持黑龙江省进行涉农资金整合试点，在认真总结经验基础上，推动符合条件的地方开展涉农资金整合试验。改革项目审批制度，创造条件逐步下放中央和省级涉农资金项目审批权限。改革项目管理办法，加快项目实施和预算执行，切实提高监管水平。加强专项扶贫资金监管，强化省、市两级政府对资金和项目的监督责任，县级政府切实管好用好扶贫资金。盘活农业结余资金和超规定期限的结转资金，由同级预算统筹限时用于农田水利等建设。

10. 完善农田水利建设管护机制。深化水利工程管理体制改革，加快落实灌排工程运行维护经费财政补助政策。开展农田水利设施产权制度改革和创新运行管护机制试点，落实小型水利工程管护主体、责任和经费。通过以奖代补、先建后补等方式，探索农田水利基本建设新机制。深入推进农业水价综合改革。加大各级政府水利建设投入，落实和完善土地出让收益计提农田水利资金政策，提高水资源费征收标准、加大征收力度。完善大中型水利工程建设征地补偿政策。谋划建设一批关系国计民生的重大水利工程，加强水源工程建设和雨洪水资源化利用，启动实施全国抗旱规划，提高农业抗御水旱灾害能力。实施全国高标准农田建设总体规划，加大投入力度，规范建设标准，探索监管维护机制。

11. 推进农业科技创新。深化农业科技体制改革，对具备条件的项目，实施法人责任制和专员制，推行农业领域国家科技报告制度。明晰和保护财政资助科研成果产权，创新成果转化机制，发展农业科技成果托管中心和交易市场。采取多种方式，引导和支持科研机构与企业联合研发。加大农业科技创新平台基地建设和技术集成推广力度，推动发展国家农业科技园区协同创新战略联盟，支持现代农业产业技术体系建设。加强以分子育种为重点的基础研究和生物技术开发，建设以农业物联网和精准装备为重点的农业全程信息化和机械化技术体系，推进以设施农业和农产品精深加工为重点的新兴产业技术研发，组织重大农业科技攻关。继续开展高产创建，加大农业先进适用技术推广应用和农民技术培训力度。发挥现代农业示范区的引领作用。加强农用航空建设。将农业作为财政科技投入优先领域，引导金融信贷、风险投资等进入农业科技创新领域。推行科技特派员制度，发挥高校在农业科研和农技推广中的作用。

12. 加快发展现代种业和农业机械化。建立以企业为主体的育种创新体系，推进种业人才、资源、技术向企业流动，做大做强育繁推一体化种子企业，培育推广一批高产、优质、抗逆、适应机械化生产的突破性新品种。推行种子企业委托经营制度，强化种子全程可追溯管理。加快推进大田作物生产全程机械化，主攻机插秧、机采棉、甘蔗机收等薄弱环节，实现作物品种、栽培技术和机械装备的集成配套。积极发展农机作业、维修、租赁等社会化服务，支持发展农机合作社等服务组织。

13. 加强农产品市场体系建设。着力加强促进农产品公平交易和提高流通效率的制度建设，加快制定全国农产品市场发展规划，落实部门协调机制，加强以大型农产品批发市场为骨干、覆盖全国的市场流通网络建设，开展公益性农产品批发市场建设试点。健全大宗农产品期货交易品种体系。加快发展主产区大宗农产品现代化仓储物流设施，完善鲜活农产品冷链物流体系。支持产地小型农产品收集市场、集配中心建设。完善农村物流服务体系，推进农产品现代流通综合示范区创建，加快邮政系统服务"三农"综合平台建设。实施粮食收储、供应安全保障工程。启动农村流通设施和农产品批发市场信息化提升工程，加强农产品电子商务平台建设。加快清除农产品市场壁垒。

三 建立农业可持续发展长效机制

14. 促进生态友好型农业发展。落实最严格的耕地保护制度、节约集约用地制度、水资源管理制度、环境保护制度，强化监督考核和激励约束。分区域规模化推进高效节水灌溉行动。大力推进机械化深松整地和秸秆还田等综合利用，加快实施土壤有机质提升补贴项目，支持开展病虫害绿色防控和病死畜禽无害化处理。加大农业面源污染防治力度，支持高效肥和低残留农药使用、规模养殖场畜禽粪便资源化利用、新型农业经营主体使用有机肥、推广高标准农膜和残膜回收等试点。

15. 开展农业资源休养生息试点。抓紧编制农业环境突出问题治理总体规划和农业可持续发展规划。启动重金属污染耕地修复试点。从 2014 年开始，继续在陡坡耕地、严重沙化耕地、重要水源地实施退耕还林还草。开展华北地下水超采漏斗区综合治理、湿地生态效益补偿和退耕还湿试点。通过财政奖补、结构调整等综合措施，保证修复区农民总体收入水平不降低。

16. 加大生态保护建设力度。抓紧划定生态保护红线。继续实施天然林保护、京津风沙源治理二期等林业重大工程。在东北、内蒙古重点国有林区，进行停止天然林商业性采伐试点。推进林区森林防火设施建设和矿区植被恢复。完善林木良种、造林、森林抚育等林业补贴政策。加强沙化土地封禁保护。加大天然草原退牧还草工程实施力度，启动南方草地开发利用和草原自然保护区建设工程。支持饲草料基地的品种改良、水利建设、鼠虫害和毒草防治。加大海洋生态保护力度，加强海岛基础设施建设。严格控制渔业捕捞强度，继续实施增殖放流和水产养殖生态环境修复补助政策。实施江河湖泊综合整治、水土保持重点建设工程，开展生态清洁小流域建设。

四 深化农村土地制度改革

17. 完善农村土地承包政策。稳定农村土地承包关系并保持长久不变，在坚持和完善最严格的耕地保护制度前提下，赋予农民对承包地占有、使用、收益、流转及承包经营权抵押、担保权能。在落实农村土地集体所有权的基础上，稳定农户承包权、放活土地经营权，允许承包土地的经营权向金融机构抵押融资。有关部门要抓紧研究提出规范的实施办法，建立配套的抵押资产处置机制，推动修订相关法律法规。切实加强组织领导，抓紧抓实农村土地承包经营权确权登记颁证工作，充分依靠农民群众自主协商解决工作中遇到的矛盾和问题，可以确权确地，也可以确权确股不确地，确权登记颁证工作经费纳入地方财政预算，中央财政给予补助。稳定和完善草原承包经营制度，2015 年基本完成草原确权承包和基本草原划定工作。切实维护妇女的土地承包权益。加强农村经营管理体系建设。深化农村综合改革，完善集体林权制度改革，健全国有林区经营管理体制，继续推进国有农场办社会职能改革。

18. 引导和规范农村集体经营性建设用地入市。在符合规划和用途管制的前提下，允许农村集体经营性建设用地出让、租赁、入股，实行与国有土地同等入市、同权同价，加快建立农村集体经营性建设用地产权流转和增值收益分配制度。有关部门要尽快提出具体指导意见，并推动修订相关法律法规。各地要按照中央统一部署，规范有序推进这项工作。

19. 完善农村宅基地管理制度。改革农村宅基地制度，完善农村宅基地分配政策，在保障农户宅基地用益物权前提下，选择若干试点，慎重稳妥推进农民住房财产权抵押、担保、转让。有关部门要抓紧提出具体试点方案，各地不得自行其是、抢跑越线。完善城乡建设用地增减挂钩试点工作，切实保证耕地数量不减少、质量有提高。加快包括农村宅基地在内的农村地籍调查和农村集体建设用地使用权确权登记颁证工作。

20. 加快推进征地制度改革。缩小征地范围，规范征地程序，完善对被征地农民合理、规范、多元保障机制。抓紧修订有关法律法规，保障农民公平分享土地增值收益，改变对被征地农民的补偿办法，除补偿农民被征收的集体土地外，还必须对农民的住房、社保、就业培训给予合理保障。因地制宜采取留地安置、补偿等多种方式，确保被征地农民长期受益。提高森林植被恢复费征收标准。健全征地争议调处裁决机制，保障被征地农民的知情权、参与权、申诉权、监督权。

五　构建新型农业经营体系

21. 发展多种形式规模经营。鼓励有条件的农户流转承包土地的经营权，加快健全土地经营权流转市场，完善县乡村三级服务和管理网络。探索建立工商企业流转农业用地风险保障金制度，严禁农用地非农化。有条件的地方，可对流转土地给予奖补。土地流转和适度规模经营要尊重农民意愿，不能强制推动。

22. 扶持发展新型农业经营主体。鼓励发展专业合作、股份合作等多种形式的农民合作社，引导规范运行，着力加强能力建设。允许财政项目资金直接投向符合条件的合作社，允许财政补助形成的资产转交合作社持有和管护，有关部门要建立规范透明的管理制度。推进财政支持农民合作社创新试点，引导发展农民专业合作社联合社。按照自愿原则开展家庭农场登记。鼓励发展混合所有制农业产业化龙头企业，推动集群发展，密切与农户、农民合作社的利益联结关系。在国家年度建设用地指标中单列一定比例专门用于新型农业经营主体建设配套辅助设施。鼓励地方政府和民间出资设立融资性担保公司，为新型农业经营主体提供贷款担保服务。加大对新型职业农民和新型农业经营主体领办人的教育培训力度。落实和完善相关税收优惠政策，支持农民合作社发展农产品加工流通。

23. 健全农业社会化服务体系。稳定农业公共服务机构，健全经费保障、绩效考核激励机制。采取财政扶持、税费优惠、信贷支持等措施，大力发展主体多元、形式多样、竞争充分的社会化服务，推行合作式、订单式、托管式等服务模式，扩大农业生产全程社会化服务试点范围。通过政府购买服务等方式，支持具有资质的经营性服务组织从事农业公益性服务。扶持发展农民用水合作组织、防汛抗旱专业队、专业技术协会、农民经纪人队伍。完善农村基层气象防灾减灾组织体系，开展面向新型农业经营主体的直通式气象服务。

24. 加快供销合作社改革发展。发挥供销合作社扎根农村、联系农民、点多面广的优势，积极稳妥开展供销合作社综合改革试点。按照改造自我、服务农民的要求，创新组织体系和服务机制，努力把供销合作社打造成为农民生产生活服务的生力军和综合平台。支持供销合作社加强新农村现代流通网络和农产品批发市场建设。

六 加快农村金融制度创新

25. 强化金融机构服务"三农"职责。稳定大中型商业银行的县域网点，扩展乡镇服务网络，根据自身业务结构和特点，建立适应"三农"需要的专门机构和独立运营机制。强化商业金融对"三农"和县域小微企业的服务能力，扩大县域分支机构业务授权，不断提高存贷比和涉农贷款比例，将涉农信贷投放情况纳入信贷政策导向效果评估和综合考评体系。稳步扩大农业银行"三农"金融事业部改革试点。鼓励邮政储蓄银行拓展农村金融业务。支持农业发展银行开展农业开发和农村基础设施建设中长期贷款业务，建立差别监管体制。增强农村信用社支农服务功能，保持县域法人地位长期稳定。积极发展村镇银行，逐步实现县市全覆盖，符合条件的适当调整主发起行与其他股东的持股比例。支持由社会资本发起设立服务"三农"的县域中小型银行和金融租赁公司。对小额贷款公司，要拓宽融资渠道，完善管理政策，加快接入征信系统，发挥支农支小作用。支持符合条件的农业企业在主板、创业板发行上市，督促上市农业企业改善治理结构，引导暂不具备上市条件的高成长性、创新型农业企业到全国中小企股份转让系统进行股权公开挂牌与转让，推动证券期货经营机构开发适合"三农"的个性化产品。

26. 发展新型农村合作金融组织。在管理民主、运行规范、带动力强的农民合作社和供销合作社基础上，培育发展农村合作金融，不断丰富农村地区金融机构类型。坚持社员制、封闭性原则，在不对外吸储放贷、不支付固定回报的前提下，推动社区性农村资金互助组织发展。完善地方农村金融管理体制，明确地方政府对新型农村合作金融监管职责，鼓励地方建立风险补偿基金，有效防范金融风险。适时制定农村合作金融发展管理办法。

27. 加大农业保险支持力度。提高中央、省级财政对主要粮食作物保险的保费补贴比例，逐步减少或取消产粮大县县级保费补贴，不断提高稻谷、小麦、玉米三大粮食品种保险的覆盖面和风险保障水平。鼓励保险机构开展特色优势农产品保险，有条件的地方提供保费补贴，中央财政通过以奖代补等方式予以支持。扩大畜产品及森林保险范围和覆盖区域。鼓励开展多种形式的互助合作保险。规范农业保险大灾风险准备金管理，加快建立财政支持的农业保险大灾风险分散机制。探索开办涉农金融领域的贷款保证保险和信用保险等业务。

七　健全城乡发展一体化体制机制

28. 开展村庄人居环境整治。加快编制村庄规划，推行以奖促治政策，以治理垃圾、污水为重点，改善村庄人居环境。实施村内道路硬化工程，加强村内道路、供排水等公用设施的运行管护，有条件的地方建立住户付费、村集体补贴、财政补助相结合的管护经费保障制度。制定传统村落保护发展规划，抓紧把有历史文化等价值的传统村落和民居列入保护名录，切实加大投入和保护力度。提高农村饮水安全工程建设标准，加强水源地水质监测与保护，有条件的地方推进城镇供水管网向农村延伸。以西部和集中连片特困地区为重点加快农村公路建设，加强农村公路养护和安全管理，推进城乡道路客运一体化。因地制宜发展户用沼气和规模化沼气。在地震高风险区实施农村民居地震安全工程。加快农村互联网基础设施建设，推进信息进村入户。

29. 推进城乡基本公共服务均等化。加快改善农村义务教育薄弱学校基本办学条件，适当提高农村义务教育生均公用经费标准。大力支持发展农村学前教育。落实中等职业教育国家助学政策，紧密结合市场需求，加强农村职业教育和技能培训。支持和规范农村民办教育。提高重点高校招收农村学生比例。有效整合各类农村文化惠民项目和资源，推动县乡公共文化体育设施和服务标准化建设。深化农村基层医疗卫生机构综合改革，实施中西部全科医生特岗计划。继续提高新型农村合作医疗的筹资标准和保障水平，完善重大疾病保险和救助制度，推动基本医疗保险制度城乡统筹。稳定农村计划生育网络和队伍，开展城乡计生卫生公共服务均等化试点。整合城乡居民基本养老保险制度，逐步建立基础养老金标准正常调整机制，加快构建农村社会养老服务体系。加强农村最低生活保障的规范管理。开展农村公共服务标准化试点工作。着力创新扶贫开发工作机制，改进对国家扶贫开发工作重点县的考核办法，提高扶贫精准度，抓紧落实扶贫开发重点工作。

30. 加快推动农业转移人口市民化。积极推进户籍制度改革，建立城乡统一的户口登记制度，促进有能力在城镇合法稳定就业和生活的常住人口有序实现市民化。全面实行流动人口居住证制度，逐步推进居住证持有人享有与居住地居民相同的基本公共服务，保障农民工同工同酬。鼓励各地从实际出发制定相关政策，解决好辖区内农业转移人口在本地城镇的落户问题。

八 改善乡村治理机制

31. 加强农村基层党的建设。深入开展党的群众路线教育实践活动，推动农村基层服务型党组织建设。进一步加强农民合作社、专业技术协会等的党建工作，创新和完善组织设置，理顺隶属关系。加强农村基层党组织带头人队伍和党员队伍建设，提升村干部"一定三有"保障水平。总结宣传农村基层干部先进典型，树立正确舆论导向。加强城乡基层党建资源整合，建立稳定的村级组织运转经费保障制度。加强农村党风廉政建设，强化农村基层干部教育管理和监督，改进农村基层干部作风，坚决查处和纠正涉农领域侵害群众利益的腐败问题和加重农民负担行为。

32. 健全基层民主制度。强化党组织的领导核心作用，巩固和加强党在农村的执政基础，完善和创新村民自治机制，充分发挥其他社会组织的积极功能。深化乡镇行政体制改革，完善乡镇政府功能。深入推进村务公开、政务公开和党务公开，实现村民自治制度化和规范化。探索不同情况下村民自治的有效实现形式，农村社区建设试点单位和集体土地所有权在村民小组的地方，可开展以社区、村民小组为基本单元的村民自治试点。

33. 创新基层管理服务。按照方便农民群众生产生活、提高公共资源配置效率的原则，健全农村基层管理服务体系。推动农村集体产权股份合作制改革，保障农民集体经济组织成员权利，赋予农民对落实到户的集体资产股份占有、收益、有偿退出及抵押、担保、继承权，建立农村产权流转交易市场，加强农村集体资金、资产、资源管理，提高集体经济组织资产运营管理水平，发展壮大农村集体经济。扩大小城镇对农村基本公共服务供给的有效覆盖，统筹推进农村基层公共服务资源有效整合和设施共建共享，有条件的地方稳步推进农村社区化管理服务。总结推广"枫桥经验"，创新群众工作机制。深入推进农村精神文明建设，倡导移风易俗，培养良好道德风尚，提高农民综合素质。加强对农村留守儿童、留守妇女、留守老年人的关爱和服务。发展农村残疾人事业。健全农村治安防控体系，充分发挥司法调解、人民调解的作用，维护农村社会和谐安定。

各级党委和政府要切实加强对"三农"工作的领导，把握好农村改革的方向和节奏，谋划好农业农村发展的思路和方法，落实好党在农村的各项方针和政策。各级党政干部要真正了解农民群众的诉求和期盼，真心实意解决农民群众生产生活中的实际问题。进一步加强党委农村工作综合部门建设，强化统筹协调、决策服务等职能。加强对农村改革试验区工作的指导，加大改革放权和政策支持力度，充实试验内容，完善工作机制，及时总结推广成功经验。

让我们紧密团结在以习近平同志为总书记的党中央周围，积极进取，锐意创新，力求农村改革发展取得新突破新进展。

《河南省农业和农村经济发展"十二五"规划》

"十二五"时期是河南省全面建设小康社会的关键时期，也是加快推进农业现代化、促进"三化"（工业化、城镇化和农业现代化）协调发展的重要阶段。谋划河南省"十二五"农业和农村经济发展思路，对贯彻落实党的十七大和十七届三中全会精神、加快中原经济区建设、实现中原崛起和河南振兴具有重要意义。

一 规划背景

(一)"十一五"时期农业和农村经济发展成效

2006 年以来,省委、省政府始终坚持把解决农业、农村、农民问题作为全部工作的重中之重,始终坚持在推进工业化、城镇化的过程中牢牢抓住农业农村工作不放松,努力提高粮食综合生产能力,启动国家粮食生产核心区建设,深入调整农业结构,积极推进农业产业化进程,全面落实各项强农惠农政策,实现了全省农业和农村经济的持续健康发展。

1. 农业综合生产能力稳定提高。粮食生产能力跨上新台阶,2010 年全省粮食产量达到 543.7 亿公斤,连续 5 年稳定在 500 亿公斤以上,连续 7 年创历史新高,连续 11 年居全国首位。畜牧业快速发展,2010 年全省肉类总产量达到 638.38 万吨,禽蛋产量达到 388.6 万吨,奶产量达到 290.9 万吨,均居全国前列。特色经济作物产量实现快速增长,油料、蔬菜、水果、水产品总产量分别达到 540.72 万吨、6624.26 万吨、767.33 万吨、99.4 万吨,分别比 2005 年增长 20.3%、18.7%、38.1% 和 92.3%。农业机械化水平显著提高,全省农机总动力达到 10195.88 万千瓦,比 2005 年增长 28.5%。

2. 农业内部结构进一步优化。2010 年全省优质粮食比重显著提高,优质粮食品种种植面积占粮食种植面积的 70% 以上,其中小麦、玉米、水稻的优质化率分别达到 71%、82% 和 94%,分别比 2005 年增长 9.6 个、14.6 个和 18.2 个百分点。畜牧业规模化生产快速发展,生猪、肉鸡、蛋鸡规模养殖比重分别达到 69%、97%、75%。特色农业主导产业进一步壮大,优势特色农作物加快向适宜地区集中,蔬菜种植面积达到 2556.1 万亩,比 2005 年增加 162.3 万亩,其中设施蔬菜种植面积 590 万亩;果园、茶园、花卉、中药材种植面积分别达到 682.9 万亩、97.7 万亩、125.9 万亩和 182.8 万亩,分别比 2005 年增长 9.3%、96.9%、14.5% 和 35.4%。

3. 农业产业化水平全面提升。农产品加工龙头企业发展迅速,2010 年年底全省各级龙头企业达到 6248 家,其中国家级龙头企业 39 家、省级龙头企业 562 家,年销售收入超 1 亿元的企业 594 家、超 30 亿元的企业 10 家、超 100 亿元的企业 3 家,12 家企业在国内外上市。农民组织化程度不断提高,全省在工商部门注册的各类农民专业合作组织达到 2.3 万家,合作社统一组织销售的农产品总值 148.6 亿元,有效带动了农民增收。农产品加工能力和加工效益显著提高，全省农产品加工企业达到3.1万家，面粉、肉类、乳品加工能力分别达到355多亿公斤、70多亿公斤和30多亿公斤，火腿肠、味精、面粉、方便面、挂面、面制速冻食品等产量均居全国首位。

4. 农业基础设施建设进一步加强。水利工程建设取得重大进展，南水北调中线工程河南段全线开工，燕山水库建成并发挥效益，河口村水库开工建设，出山店水库前期工程有望近期开工，沙颍河、涡河、小洪河治理基本完成，378座大、中、小型病险水库除险加固工程预计全部完成，远超我省"十一五"规划确定的90座建设目标。标准农田建设取得显著成效，完成中低产田改造885万亩，建成高产稳产田207万亩，实施了38座大型灌区续建配套和节水改造，农田有效灌溉面积达到7550万亩。林业建设取得长足进步，5年内造林2275万亩，建成林业生态县102个，森林覆盖率达到22.19%，比2005年增长4.42个百分点。

5. 农业服务体系不断完善。农产品市场建设成效显著，全省农产品批发市场已发展到281个，交易总额817亿元。其中，年交易额超10亿元的市场19个、超1亿元的市场146个。农产品质量安全检测体系逐步完善，建成了18个省辖市和122个县（市、区）的农产品质检中心，在198个主要农产品批发市场和无公害农产品产地建立了检测机构，初步形成了"三级四层"（省、市、县三级，省、市、县、基地四层）的农产品质量安全检测体系。农业信息服务能力增强，建成了18个省辖市和133个农业县（市、区）的信息网站及1686个乡镇农业信息服务站，覆盖省、省辖市、县（市、区）、乡镇、村、户的农业信息化服务网络已经初具规模。农作物重大病虫害监测预警能力和防控能力显著提高，中、短期预报准确率分别达到了75%和90%以上。

6. 农村改革不断深化。顺利完成了乡镇机构改革。积极推进了林权制度和水利投融资体制改革，明晰集体林产权5770万亩，占总面积的85%。农村改革发展综合试验区建设取得了初步成效，分别在信阳市和新乡市设立了河南省农村改革发展综合试验区和河南省统筹城乡发展试验区，在土地流转、金融创新、合作组织、社会保障、统筹城乡发展、新型农村社区建设等方面进行了积极探索。鹤壁、济源、舞钢等7个市的城乡一体化建设试点工作取得了阶段性成果。

7. 农民生活水平稳步提高。农民收入大幅度稳定增长，2006—2010

年，农民人均收入由 3261.03 元增长至 5523.73 元，扣除价格因素，年均增长 10%，超过"十一五"期间确定的年均增长 6% 的预期目标。农民生活质量进一步提高，农村居民恩格尔系数由 2005 年的 45.4% 下降到 2010 年的 37.2%。农村社会服务和生活条件显著改善，在 21 个县（市、区）开展了新型社会养老保险试点工作，新型农村合作医疗参合率达到 94.2%，全面免除了义务教育阶段学生学费，解决了 1736 万农村人口的饮水安全问题，发展农村户用沼气 244 万户，完成 426 万农村贫困人口脱贫任务。

（二）"十二五"时期农业和农村经济发展面临的形势

"十二五"时期，国际国内经济形势将面临深刻变化，我省发展呈现新的阶段性特点。总体判断，今后 5 年我省处于由传统农业大省向现代农业强省转变的关键阶段，处于加快第一、第二、第三产业融合和统筹城乡发展的关键时期，既面临难得历史机遇，也面临诸多风险挑战。

1. 面临的主要机遇和有利条件

一是土地和水资源紧张与农产品需求持续增长的矛盾日益突出，农业的作用进一步发挥，功能进一步拓展，政府和企业对农业的重视程度不断提高。同时，随着我国财力的不断增强，对农业的投入力度将不断加大。

二是全省综合经济实力明显增强，人均生产总值接近 3000 美元，以工促农、以城带乡的实力明显增强。

三是沿海产业加速向内地转移，有利于促进农村劳动力向非农产业转移，提高农民就业水平和增收能力。

四是消费结构加速升级，食品工业快速发展，为农业发展提供了广阔的需求空间。

五是农业科技创新能力和农业机械化水平不断提高，为粮食增产和农业发展提供了坚强的科技支撑和装备支撑。随着信息化在农业中的应用步伐加快，将进一步提升农业内在素质。

特别是省委、省政府做出了建设中原经济区的总体战略决策，要在国内率先走出一条不以牺牲农业和粮食、生态和环境为代价的"三化"协调科学发展的路子。这是在全国区域经济竞争大格局中对我省基本省情的清醒认识，是对中原地区比较优势的准确把握，也是对国家和民族长远根本利益的高度负责，表明了河南省坚定不移建设现代农业大省的坚强决心。省委、省政府的决策部署为我省农业、农村发展指明了方向，要求必须把农业和粮食作为首要任务，在进一步夯实农业基础的前提下加快工业化和城镇化进程，探索不同于东部地区的发展道路，为中西部地区提供示范，将中原经济区建设成为中西部地区经济发展的重要支柱和引擎。

2. 面临的重大挑战和突出矛盾

一是农业经营管理体制不适应生产发展的需要，农业经营主体缺位，规模化、标准化和组织化程度不高，从业人员素质较低，不能满足现代农业发展的要求。

二是农业基础设施薄弱，全省仍有6490万亩中低产田需要改造，近3000万亩耕地不能得到有效灌溉，农田水利工程老化失修情况严重，农业减灾抗灾能力还需进一步增强。

三是农产品质量安全水平亟须提高，农资销售和农畜生产投入品控制不严，工业污染逐步向农村扩散，造成农业面源污染日趋严重，对农产品质量安全和农村生态环境的威胁越来越大。

四是农业外向度低，出口创汇型企业少，农产品生产与国际市场对接能力弱，与山东等东部省份出口额度的差距扩大。

五是农村整体面貌落后，社会事业发展滞后，公共服务体系还不健全，农村的水电路气等基本生活设施还不完善，农民人均收入仅相当于城镇居民可支配收入的1/3，比全国平均水平低346元，城乡差距大的现状尚未根本改变。

六是农区内生发展能力不足，农业大县财力紧张，粮食生产核心区的95个县（市、区）人均财政支出水平仅为全省平均水平的50%左右，传统农区发展难度仍然较大。

七是一些地方轻视农业的现象依然存在，农业科技支撑作用不突出，贡献率仍然较低。

二 思路和目标

（一）总体思路

以科学发展观为指导，贯彻落实中原经济区建设的总体战略，把推进农业现代化、稳定提高农业综合生产能力作为建设中原经济区的基础和重要任务，坚持以粮为基、统筹"三农"、推动全局，依据"全链条、全循环、高质量、高效益"的发展理念，大力转变农业发展方式，使规模稳健增长、质量加快提升，积极构建集良种繁育、规模生产、精深加工、物流销售和循环利用于一体的现代农业产业体系，深入推进农业结构战略性调整，推动农业产业升级，优化现代农业发展布局，进一步强化农业农村基础设施建设，继续搞好新农村建设，深化农村各项改革，提高农业现代化水平和农民生活水平，建设农民幸福生活的美好家园，努力探索一条农业现代化与工业化、城镇化协调推进的发展道路，将我省建成全国重要的粮食稳定增长核心区和农产品生产加工基地，实现由农业大省向农业强省的转变。

（二）主要目标

1. 农业总体发展再上新水平

（1）第一产业增加值年均增长率达到 3.5%。

（2）粮食生产核心区建设取得重大进展，年粮食综合生产能力力争达到 600 亿公斤。

（3）农民人均纯收入年均增长率达到 9% 以上，力争达到全国平均水平。

2. 现代农业发展跨越新台阶

（1）畜牧业产值占农业总产值的比重达到 40% 以上。

（2）农产品加工业增加值与第一产业增加值之比达到 2.5:1。

（3）农业科技贡献率提高到 53%—55%。

（4）农业机械化综合作业率达到 75%，其中秋粮机械化收获水平达到 50%。

（5）农田有效灌溉面积达到 7850 万亩。

3. 农村民生和可持续发展实现新突破

（1）森林覆盖率达到 24%。

（2）气象信息公众覆盖率达到 95% 以上。

（3）解决 2999.7 万农村居民和 630.3 万农村中小学在校师生的饮水安全问题。

（4）完成 500 万农村贫困人口脱贫任务。

（5）社会主义新农村建设稳步推进，完成 354 个新农村示范村建设任务。

三　主要任务和重点工程

（一）实施现代农业提升工程，提高农业整体实力，将稳定提高农业和粮食综合生产能力作为首要目标，努力保障国家粮食安全

深化农业结构战略性调整，积极推动种植业向果蔬、花卉园艺调整，大农业向畜牧业调整，农村经济向农产品加工业调整。突出抓好农产品质

量提升和安全保障,加快发展生态绿色农业,不断增强农产品市场竞争力。大力发展现代粮食产业,加快发展现代畜牧产业和优质特色农业,以农业科技创新和经营方式创新为核心,重点打造优质肉类、乳品、花卉园艺、林产品、蔬菜、棉花、油料、水产、中药材、茶叶十大高效农业产业链条。运用现代科技、物质装备和管理技术改造提升传统农业,促进传统农业向现代农业转变。

1. 切实抓好粮食生产核心区建设。积极贯彻落实《全国新增 500 亿公斤粮食生产能力规划(2009—2020 年)》,认真组织实施《河南粮食生产核心区建设规划(2008—2020 年)》,进一步稳定提高粮食综合生产能力,培育涵盖良种开发、粮食生产、粮食收储、粮食加工、食品加工、物流销售、循环利用等环节的完整粮食产业链和产业集群。

通过稳定粮食播种面积,优化品种结构,提高单产和品质,确保全省粮食播种面积稳定在 1.45 亿亩以上。在粮食主产区的 95 个县(市、区),实施水利设施、基本农田、防灾减灾、农业科技创新、农业技术推广、农业生态、粮食物流、农业机械化八大工程,大规模建设旱涝保收高标准农田,改造中低产田 1000 万亩,建设高产稳产田 1000 万亩,实施土地整理 1000 万亩,全省有效灌溉面积达到 7850 万亩;以建设"吨粮田"为目标,力争每个县(市、区)建设 1—2 个万亩高产示范方。加快推进农业机械化,秋粮机械化收获水平达到 50%,实现粮食耕种收一体化、标准化作业。完善粮食生产支持政策,探索建立有利于粮食稳定增长的长效机制。

大力发展粮食加工产业,提高粮食转化增值能力。进一步做大做强面业,依托三全公司、思念公司、白象集团、金苑公司、海嘉公司、莲花集团、天冠集团等龙头企业,加快推进主食工业化,提高面粉加工集约化水平,大力发展终端面制品,拓宽玉米、杂粮的开发利用渠道,壮大速冻食品加工产业。振兴豫酒,以宋河、杜康、金星等知名品牌为重点,扩大优势中高端白酒、啤酒生产规模。加快发展饲料产业,加强小麦型配合饲料、新型饲料酶制剂、热敏性饲料添加剂等的研究开发,重点把郑汴饲料主产区打造成为全国高科技饲料生产基地,努力把我省打造成为全国首要的粮食加工强省。

完善粮食物流体系。充分发挥我省靠近国内主要粮食消费区的优势,大力建设连接东西南北的便捷粮食物流通道,大幅度提高粮食及制成品输出能力。培育一批年营业收入超过 5 亿元的大型粮食流通企业，建成 5 个产值超 20 亿元，具有粮食收购、仓储、运输、交易、精深加工等综合功能的大型粮食现代物流园区，建设 12 个市级粮食物流中心、109 个散粮汽车运输物流节点和周口市 5000 万公斤散装码头，将全省粮食物流散化量占总粮食流通量的比重提升至 80%，确立河南省在黄淮海地区小麦输出通道上的主导地位和郑州在国家粮食物流体系中的中心枢纽地位。

2. 大力发展现代畜牧业。认真组织实施现代畜牧产业发展规划，按照规模化、集约化、标准化、产业化、信息化发展方向，大力调整畜禽结构，坚持"提猪、扩牛、壮禽"的方针，重点提高生猪产业竞争力，扩大奶牛、肉牛等优势产品的规模，进一步壮大禽类生产。大力调整畜牧业空间结构，加快发展相对集中的畜产品优势集聚区和畜产品加工企业集群。重点打造优质肉类产品 4000 亿元产业链条和优质乳品 500 亿元产业链条。到 2015 年，全省肉、蛋、奶产量分别达到 840 万吨、460 万吨和 620 万吨以上，确立河南省全国优质畜产品生产核心区的地位，推动河南省由畜牧大省向畜牧强省跨越。

优化畜禽养殖结构和生产布局，重点提高生猪产业竞争力，扩大奶牛、肉牛等优势产品的规模。大力发展优质安全畜禽产品生产基地和加工企业集群。巩固提高京广铁路沿线、南阳盆地和豫东平原的传统生猪产区生产能力，扩大豫西、豫南浅山丘陵区的生猪养殖规模。继续抓好沿黄地区和豫东、豫西南"一带两片"奶业基地建设，加快良种奶牛推广改良步伐，鼓励发展牧场式生态养殖，建设奶牛专用牧草生产基地。支持建设良种肉牛规模养殖场，重点发展豫西南和豫东平原两大肉牛生产基地。大力发展豫北、豫东肉禽和豫南水禽生产基地，重点发展集约化规模养殖场。实施畜禽良种繁育推广工程、标准化规模养殖场改造工程和动物防疫体系、无规定动物疫病区、畜产品质量监测检验和追溯体系建设项目，提高畜产品质量安全水平和市场竞争力。

扩大畜产品加工业规模。实施一批大型畜产品加工项目，提升全省肉制品、乳制品、蛋品的加工能力和市场竞争力。扩大肉类加工规模，推进传统中式肉制品现代化改造和工业化生产，大力发展冷鲜分割肉、调理肉制品、熟肉制品等主导产品，积极开发新型高端肉制品，新增生猪加工能力 1500 万头，肉牛加工能力 150 万头，肉禽加工能力 5 亿只，肉羊加工能力 500 万只。提升奶类加工水平，大力发展婴幼儿配方奶粉，加快提高奶酪、黄油为主的奶制品精深加工能力,重点建设年加工能力 50 万—100 万吨的乳制品生产项目。提高蛋品深度加工能力,重点发展液态蛋、蛋白粉、蛋黄粉、核黄素、卵鳞脂等加工产品。鼓励龙头企业加大技术攻关和技术创新力度,重点开发符合消费结构变化、市场潜力大的新产品,推进全省畜产品加工业向高附加值、外向型精深加工转变。

大力发展畜产品冷链物流。加强冷链物流基础设施建设,围绕城镇体系建设布局一批生鲜畜产品低温配送和处理中心,配备节能、环保的长短途冷链运输车辆,推广使用全程温度监控设备;建立全程"无断链"的肉类冷链物流体系,重点发展猪肉冷链物流,减少生猪活体的跨区域运输。加快培育第三方冷链物流企业,培育一批经济实力雄厚、经营理念和管理方式先进、核心竞争力强的大型冷链物流企业。到 2015 年,力争新建冷库 270 万立方米以上,肉类的冷链利用率达到 40% 以上,发展壮大 2—3 家具有较强资源整合能力和国际竞争力的冷链物流领军企业,初步确立郑州全国重要冷链物流中心的地位。

3. 加快发展特色高效农业。积极调整种植业内部结构,大力发展花卉园艺、林果、蔬菜、茶叶、中药材、油料、棉花等高效经济作物。重点打造优质蔬菜、优质棉花 2000 亿元产业链条,优质林产品 1000 亿元产业链条,优质油料、优质茶叶 500 亿元产业链条,优质水产、优质中药材、花卉园艺产业 200 亿元产业链条。培育一批全国知名的优势特色农产品品牌,将特色高效农业打造成为我省现代农业的先导产业和农民增收的重要支柱产业。

着力建设标准化特色农产品生产基地。积极推进花卉、蔬菜、水果等园艺产品设施化生产。充分发挥花卉苗木产业的先导作用,扩大花卉种植规模,建设郑州、许昌、洛阳、豫东开封商丘、豫南南阳信阳、豫北濮阳安阳六大花卉核心产区。重点扶持 30 个花卉产业强县,加快发展高档花卉和鲜切花,壮大观赏苗木产业,支持省农科院建设花卉研发平台,创新开发我省传统名花切花,力争 2015 年全省花卉苗木种植面积达到 250 万亩。建设郑州航空港区花卉综合物流园区和八大区域性花卉交易中心,扩大花卉外销规模。切实抓好"菜篮子"工程,实行菜地最低保有量制度,在优势区域和重要交通干线沿线地区建设 2600 万亩标准化蔬菜种植基地,重点在中心城市周边地区建设蔬菜生产基地,完善蔬菜冷链物流网络,提高"菜篮子"保障能力。加快发展花生、芝麻等优质特色油料作物,建设 2400 万亩优质油料生产基地。积极发展优质茶产业，重点建设大别桐柏和伏牛丹江两大茶产业基地，做大做强绿茶产业，大力开发红茶新产品，培育豫茶名牌产品和名牌企业。加快推进林果业发展，建设豫西、豫南高标准林果种植基地和沿黄速生丰产用材林基地，支持发展生物质能源林，建成 800 万亩标准化林果种植基地和 1000 万亩速生丰产用材林基地，大力开发林果加工产品。实施水产良种工程，积极发展特色高效水产新品种。建设 400 万亩道地中药材种植基地，培育一批中药材加工龙头企业。鼓励各地因地制宜发展优质棉花、烟草、食用菌、蚕丝等特色农产品，培育一批特色高效农业示范区。

大力推进特色农产品精深加工。油料加工在发展具有资源优势的花生油、菜籽油、芝麻油等传统产品的同时，鼓励开发山茶油、米糠油、小麦和玉米胚芽油等高档新品种，提高精制油和专用油比重，使油料精深加工能力达到 280 万吨以上。棉花加工以纯棉针织产品为重点，积极发展色纺纱等高附加值品种，扩大中高档服装、家用纺织品生产规模。林业加工以林板家具和林浆纸为主，实现年生产人造板 1800 万立方米、家具 160 万套、竹藤柳条编织 8000 万套。果蔬加工在加快发展浓缩果汁、果肉原汁、果酒、果醋和轻糖型罐头等传统产品的同时，扩大低温脱水蔬菜、速冻菜等产品生产规模，积极开发果蔬功能产品、方便食品和休闲食品等新型果蔬加工产品。提高花卉精深加工能力，促进花卉天然药物、天然色素、天然香精生产。

高度重视特色农产品物流销售网络建设。以创建品牌为重点，鼓励龙头企业通过"冷链配送＋连锁零售"等形式自建销售网络，同时积极促进生产基地和加工企业与终端销售商共赢合作，发挥国际零售商和本地大型连锁零售企业对生鲜农产品生产的带动作用。在郑州航空港区建设集冷链物流、国际中转、多式联运、区域配送、信息服务等功能为一体的花卉综合物流园区，改造郑州陈砦花卉交易市场和鄢陵北方花木交易中心，建设八大市级花卉分销、转运及交易中心，促进花卉产业跨越式发展。

专栏 1　"十二五"时期现代农业提升工程

1. 粮食产业万亿工程。加快建设高标准农田，完善农田灌排体系，改造中低产田 1000 万亩，建设高产稳产田 1000 万亩，实施土地整理 1000 万亩，建设旱作节水农业示范基地 100 万亩。加快发展小麦、玉米、水稻精深加工，进一步扩大专用面粉、速冻食品、多口味饼干等大众食品的生产规模和饲料、酿酒产业规模,大力发展变性淀粉、淀粉糖等高附加值产品和特色食品,力争使粮食产业产值突破 1 万亿元。

2. 优质高效农产品生产加工万亿工程。

(1) 优质肉类产品全链产业工程。建设 5000 万头生猪、1000 万头肉牛、8 亿只肉禽规模化养殖基地。大力发展畜产品精深加工,新增生猪加工能力 1500 万头、肉牛加工能力 150 万头、肉禽加工能力 5 亿只。优质肉类产品生产加工产值突破 4000 亿元。

(2) 优质蔬菜全链产业工程。建设标准化蔬菜种植基地 2600 万亩,其中设施蔬菜生产基地 1000 万亩。大力开发速冻蔬菜、鲜切蔬菜、脱水蔬菜、蔬菜饮料、大蒜油等精深加工产品,完善蔬菜冷链物流网络。蔬菜总产量达到 8000 万吨以上,精深加工能力达到 560 万吨以上。优质蔬菜生产加工产值突破 2000 亿元。

(3) 优质棉花全链产业工程。建设一批高标准优质棉花基地县。以纯棉针织产品加工为重点,发展色纺纱等高附加值品种,为发展中高档服装、家用纺织品提供支撑。培育一批现代化先进棉纺骨干企业和具有全国影响力的服装、家纺自主品牌。优质棉花生产加工产值突破 2000 亿元。

(4) 优质林产品全链产业工程。建设 1000 万亩速生丰产用材林基地和 800 万亩标准化林果种植基地。进一步做大做强林板家具产业,加快发展林纸产业,大力开发浓缩果汁、果肉原汁、果酒、果醋和轻糖型罐头产品。优质林产品生产加工产值突破 1000 亿元。

(5) 优质油料全链产业工程。建设 40 个优质油料生产基地县。进一步壮大花生、菜籽油、芝麻精深加工产业,鼓励开发山茶油、米糠油、小麦和玉米胚芽油等高档新品种,提高精制油和专用油比重,使油料精深加工能力达到 280 万吨以上。优质油料生产加工产值突破 500 亿元。

(6) 优质乳品全链产业工程。建设 130 万头奶牛标准化养殖基地和奶牛专用饲料基地。在沿黄地区、豫东和豫西南地区扩大高产奶牛养殖规模,鼓励发展牧场式生态养殖。重点支持日处理原料乳 300 吨以上的大型乳品企业,鼓励开发乳清粉、乳蛋白、乳糖等精深加工产品。优质乳品生产加工产值突破 500 亿元。

(7) 优质茶叶全链产业工程。发展 210 万亩标准化茶叶种植基地。培育一批具有较强影响力的茶叶名牌产品和名牌企业。建设郑州、信阳、南阳市 3 个省级茶叶展销展示中心。优质茶叶生产加工产值突破 500

亿元。

（8）花卉园艺全链产业工程。建设250万亩花卉种植基地。大力发展花卉精深加工，扩大花卉天然药物、天然色素、天然香精生产规模。建设郑州航空港区花卉综合物流园区和八大区域性花卉交易中心。花卉园艺产业产值突破200亿元。

（9）优质水产全链产业工程。大力推进水产健康养殖，积极发展特色高效水产新品种。建设沿黄、沿淮、沿淇河水产优势集聚区。支持名贵鱼种的引种开发和加工出口。培育一批特色水产品牌。优质水产品生产加工产值突破200亿元。

（10）优质中药材全链产业工程。建设400万亩道地中药材种植基地。做大做强焦作四大怀药、西峡山茱萸、方城裕丹参、封丘金银花、济源冬凌草等中药材品牌。培育一批中药材加工龙头企业。优质中药材生产加工产值突破200亿元。

（二）强化农业基础设施建设，提高现代农业发展保障能力

1. 加快水利网络体系建设。坚持兴利除害并重，加大水利基础设施建设力度，形成以南水北调中线工程干渠和受水配套工程为主体，由水库、灌区、河道及城市生态水系组成的复合型、多功能的水利网络体系。

加强防洪控制工程建设。加快重大洪水控制工程、重要支流和中小河流治理、中小水库除险加固、大中型病险水闸除险加固、蓄洪区等防洪工程建设，提高防洪减灾能力，形成较为完善的防洪减灾体系。建成沁河河口村水库，开工建设出山店水库，加快前坪水库前期工作，完成268座小（Ⅰ）型以上病险水库和212座大中型病险水闸除险加固任务，提高水库的防洪蓄水能力。实施千里河道治理工程，加快贾鲁河等重要支流及中小河流治理。完成淮河干流堤防标准化建设，争取完成淮河流域滞洪区和海河流域7处滞洪区一期工程建设，基本完成淮河滩区移民迁建。加强山洪地质灾害防治，完成山洪灾害易发区预警预报系统建设。

加快灌排体系建设。继续实施38处大型灌区和119处中型灌区续建配套与节水改造，新增灌溉面积200万亩。建设赵口二期和小浪底南、北岸灌区；完成淮河流域重点平原洼地治理利用外资项目，开始治理淮河流域其余重点平原洼地；积极开展标准农田建设，完善渠系配套。建立较为完善的灌排体系。

加快水源工程建设。全面建成南水北调中线工程河南段及沿线城市受

水工程，全面完成南水北调中线工程河南段移民工作。充分利用黄河水资源，统筹城市生态水系用水、工业及产业集聚区用水、城乡供水和农业灌溉用水需求，建设一批引黄调蓄工程，实现"丰蓄枯用、常蓄急用"。加快国家规划的中型水库建设。建设一批规模合理、标准适度的抗旱应急水源工程，建立应对特大干旱和突发水安全事件的水源储备制度。建立较为完善的供水网络及城市生态水系。

加快水生环境工程建设。实施水土保持、地表水污染治理、地下水保护、城市水源地保护、入河排污口综合整治等工程；全面推进城市河道治理和生态修复工程建设，到 2015 年，力争完成县城以上的城区河道综合治理。逐步建立良好的水环境生态体系。

专栏 2 "十二五"时期重大水利工程

南水北调中线工程河南段干线工程。全面建成河南段 731 公里总干渠，完成丹江口库区移民 16.5 万人任务。

南水北调中线工程河南段配套工程。向河南省 11 个省辖市的 43 座城市、48 个受水目标提供生活、工业用水，新增城市年供水量 29.94 亿立方米。

河口村水库。位于济源市沁河最后一段峡谷出口处，控制流域面积 9223 平方公里，总库容 3.17 亿立方米，建成后可使沁河下游防洪标准提高到百年一遇。

出山店水库。位于信阳市境内溮河区淮河干流上，控制流域面积 2900 平方公里，总库容 12.74 亿立方米，建成后可使安徽省王家坝以上淮河干流河道防洪标准提高到 20 年一遇，保护下游 220 万亩土地及 170 万人口的安全。

大中型灌区节水改造。对 38 处大型灌区和 119 处中型灌区进行续建配套与节水改造，可新增灌溉面积 126.47 万亩，改善灌溉面积 202.18 万亩，新增节水能力 60239 万立方米。

淮河流域重点平原洼地治理。治理淮河流域洼地面积 8636 平方公里，包括疏浚河道、加固堤防和维修加固及新建扩建桥梁、涵闸、提排站等建设内容。

中小型病险水库除险加固。对 268 座存在隐患的中型和小（Ⅰ）型、小（Ⅱ）型病险水库进行除险加固，提高水库的防洪能力。

中小河流治理。实施贾鲁河等 14 条重要支流和 236 条中小河流治理工程，进一步完善我省防洪除涝体系。

大中型病险水闸除险加固。完成 13 座大型、199 座中型病险水闸除险加固，提高防洪除涝能力。

2. 大力提高农业机械化水平。加快农业机械装备发展。以秋粮机械化为突破口，走农机农艺相结合的道路，重点建设秋粮生产机械化技术集成与示范、根茎类作物生产机械化技术集成与示范、高效低碳农业机械装备技术集成与示范、现代农业机械关键技术研究与装备提升、农机化技术推广示范基地等项目。2 年内完成 89 个县（市、区）的农机服务体系建设，支持建设一批农机专业合作社，推进农机服务产业化。建设农机跨区作业信息网络设施和智能调度管理服务平台，提高农机信息化服务水平。到 2015 年，力争全省农业机械化达到国内先进水平。

3. 努力增强气象服务能力。建设河南省气象灾害监测预警与防御工程，完善农业气象防灾减灾与保障系统、农村气象灾害防御系统、城市气象灾害监测预警系统、人工增雨消雹系统、气象信息处理及保障系统，建设山洪地质灾害防治和生态环境综合治理气象监测预警系统、河南省突发公共事件信息发布系统。建成空中云水资源开发工程。新建气候变化应对决策支撑系统工程和基层气象台站工程。到 2015 年，基本建成由公共气象服务系统、气象预报预测系统、综合气象观测系统和气象科技创新体系、气象人才体系共同构成的结构完善、布局合理、功能先进的气象现代化体系，使人工增雨（雪）消雹有效控制面积增加 15%，年均增雨量达到 12 亿立方米。

（三）大力提升农业科技教育水平，提高农产品质量安全水平和市场竞争力

1. 提高农业科技创新与转化能力。围绕主要农作物新品种选育与产业化开发、农副产品精深加工、动物重大疫病预防控制等，组织实施一批重大科技专项，努力破解农业生产的关键性技术，提升产业整体核心竞争力。着力构建现代农业产业技术研发平台，打造国内外知名的农业科技创新平台，建设 10 个重点实验室和 50 个工程技术研究中心，使农业科技装备水平达到全国前列。培养农业科技高层次人才，扶持一批在全国具有影响力的农业科技领军人物和 30 个农业科技技术创新团队，将省农科院和河南农业大学建设成为国内一流的农业科研院校。建立省、市、县级农业院、校、所协作的科研、推广体系，集合我省高校涉农重点学科科研力

量，加强农业科技攻关与创新，在种植业、养殖业、林业、农业微生物、农副产品加工、农业装备、循环农业、农村民生科技等领域，力争研发推广一批先进适用技术。实施新农村建设科技示范工程，强化科技成果转化与应用，集成一批技术成熟度高、风险小、易操作、成本低的技术，通过科技富民强县和科技示范乡（镇）、村建设以及农村科技培训等途径，加快科技成果向现实生产力转化。到"十二五"末，将我省建设成为国内一流的农业科研强省。

2. 重点实现种业发展新突破。做大做强、做精做优种业产业，确立我省良种选育在全国的主导地位，巩固在全国的领先地位。坚持"资源保护、良种创新、引进培育、产业化开发"的方针，尽快将我省的科研与品种优势转化为产业优势。建立种质资源保护利用、珍稀品种保存和地方品种标准样品保藏体系。加快小麦、玉米超高产新品种选育及超级水稻、特色农作物的新品种开发，建设高科技生物技术育种园区1个、农作物种子南繁科技园区1个，培育小麦、玉米主导新品种各5—6个，力争在近两三年内完成主要粮食作物品种更新换代一遍，持续增强我省农作物育种创新能力，不断提升种子产业的核心竞争力。整合种业科研资源，依托省农科院、河南农业大学以及周口、商丘、漯河、驻马店、信阳、南阳、新乡、鹤壁、温县等具有典型区域代表性的市、县农科院（所）、种业公司等，组建产学研结合的种业技术创新战略联盟。"十二五"期间，新建农作物品种区域技术创新中心8个，使我省农作物品种区域技术创新中心总量达到12个。建立新品种产业化开发体系。加快国有种子企业改革步伐，鼓励种子企业间进行收购、兼并、重组，加强与中央企业合作，着力打造具有参与国际竞争能力的大型种子企业。提升种子质量监督监控和信息化服务能力，逐步建立完善的种子质量监督检测体系。

3. 加强农产品质量安全体系建设。抓好农业标准体系建设，制（修）订一批优势农产品、特色农产品、农业生产资料生产标准，加快农业标准的推广应用。逐步建立"生产有记录、出场有证明、产品有标识、部门有监测"的农产品质量安全保障机制。强化产地准出、市场准入、质量追溯、召回退出等监管制度。建立生产基地速测室，确保基地售出的农产品质量；推进使用包装标识，落实质量安全追溯制度；加强农业投入品监管，培育一批农资连锁企业。建立农产品质量安全突发事件应急处置机制，确保及时发现、有效控制、快速处置农产品质量安全事件。建设完善以省级农产品质量检测服务中心为龙头，以省辖市检测服务中心为骨干，以县级检测服务站为基础，乡镇或区域农技推广机构农产品质量检测室配合，以基地、超市检测员速测为补充的功能齐全、管理规范、布局合理、服务有效的农产品质量安全检测体系。健全农产品质量安全检测制度，逐步扩大检测品种和检测数量。

4. 加强农业面源污染治理。以稻区为重点，完善农业面源污染监测体系，建设15个县级农业面源污染监测站，实施30个县的农业面源污染治理工程。逐步强化对农业生产投入品的控制，大力发展节药、节肥农业，加大沃土工程投入力度，重点推广测土配方施肥及成熟的病虫害物理和生物防治技术，实现清洁农业生产，达到高效率低消耗、低投入高产出的目的，到"十二五"末，使农业面源污染得到显著减缓。

专栏3　"十二五"时期重大农业科技专项

农作物转基因育种研究。通过抗旱基因、抗虫基因和抗除草剂基因的转化，获得在抗病虫、抗环境胁迫等重要性状上具有突破性的优异育种材料，育成具有重大突破的抗逆性农作物新品种。

主要农作物超高产新品种选育研究。发挥育种技术优势，强化平台建设，加大攻关力度，开展种质资源创新、育种技术创新、超高产新品种选育联合攻关的专项研究，使小麦、玉米、水稻等主要作物良种在近两三年内更新换代一遍。农作物高产栽培技术研究。开展农作物超高产配套栽培技术体系联合攻关研究，每个作物组装集成适应不同生态区、不同种植制度的配套栽培技术体系2—3套，在基层农科院（所）建设农作物栽培技术实验室和技术集成示范基地。

重大畜禽疫病防控检疫技术研究。按照绿色无公害农产品生产的要求，针对我省重大病虫致害成灾和防控的关键环节，开展生物防治、物理诱控等绿色病虫害防控技术研究。

耕地分区保育技术研究与示范工程。开展耕地质量调查与评价体系研究；开展耕地质量分等定级与生产潜力评估；实时监测耕地质量和数量，建立数据库；研究集成耕地质量定向培育技术体系；建设示范工程并大面积推广。

（四）加快培育新型农民，提高农民生产技能和经营水平

积极培育适应现代农业生产和经营方式需要的新型农民、农村科技骨干和实用人才，重点加强对农业合作组织领办人、农业企业经理人、农民

经纪人、农村产业工人的培训。

1. 实施职业农民培训计划。按照发展高效种植业、规模化养殖业、特色农业、绿色农业和生态农业等现代农业的要求，开展农民科技培训；根据国家职业标准和不同行业、不同工种、不同岗位对从业人员基本技能和技术操作规程的要求，开展农民职业技能培训，提高农民现代农业生产能力和转岗就业能力，力争 5 年内培训新型农民 14 万人，新获得绿色证书的技术骨干农民 50 万人。

2. 继续实施"阳光工程"。围绕农业农村重大工程项目建设、促进农民创业、规范和扶持农民专业合作组织发展、农业服务体系建设、农产品加工开展培训，同时适应各地特色产业发展实际开展特色职业农民培训，围绕提高农民就业适应能力和综合素质开展引导性培训，力争 5 年内培训农民 100 万人。

3. 继续实施"雨露计划"。在革命老区、贫困地区建设一批全免费培训试点基地和一批办学规模大、培训质量好、社会信誉度高的培训学校。提高培训针对性和实效性，重点抓好对贫困家庭初、高中毕业后未升学"两后生"的职业技能培训。5 年内完成培训 100 万人的任务，其中 20 万人接受 2 年以上的"金蓝领"职业技能培训，40 万人接受半年以上的专业技能培训，40 万人接受引导性就业培训。

4. 实施信息惠农工程。充分开发省农业厅、农科院、河南农业大学"三农"信息资源，积极利用科技、气象、粮食等涉农服务网络，搭建省级农业信息服务平台。积极开发农业生产监测预警系统、农产品和农资市场信息服务系统、农村科技信息服务系统等应用系统，推广电视、电话、电脑"三电合一"农业信息服务模式，建立以省、市、县三级信息网络平台为主体，以乡镇农业技术推广服务站、农业企业、专业合作组织信息服务站为服务窗口的信息服务体系。到 2015 年，力争使我省农业信息服务实现覆盖最大化、政务网络化、应用平民化、效果最优化，切实解决农业农村信息服务"最后一公里"问题。

（五）加强农业资源保护和循环利用，提高农业可持续发展能力

1. 积极发展生物农业。以生物育种、绿色农用生物制造业为重点方向，加大生物农业技术研发力度，加快生物科技成果产业化进程。

大力发展生物育种。重点推进分子、杂交制种，加快培育粮食和经济作物新品种；积极培育肉牛、猪等畜禽新品种；大力培育优质高产木本粮

油品种，重点对以菊芋、黄连木、油桐等为对象的生物能源品种进行研发和规模化生产。力争将河南省建设成为我国最大的粮食、油料、生物能源等品种的种业中心。

加快发展绿色农用生物制造业。围绕绿色有机农业发展，大力开发推广生物肥料、生物农药、生物饲料和新型动物疫苗。重点推进复合微生物肥料、生物有机复合肥和有机肥料生产。大力推进生物源农药、生物合成农药和仿生物合成农药发展。重点发展微生物全降解农用薄膜、动植物生长调节剂、动物用生物技术农药等绿色农用产品和生物色素、生物香料等食品与饲料添加剂。大力发展新型动物疫苗和诊断试剂。

建立生物农业创新开发体系。支持建设郑州（国家）生物产业基地，新扩建一批农业生物技术重点实验室和工程技术中心，快速提升农业生物技术原始创新能力，扶持一批生物农业企业建设技术创新中心和产业服务中心，提高生物农业的技术转移与集成能力。到2015年，形成一批拥有自主知识产权、效益显著、市场影响力大的农业生物技术产品，培育20家市场销售收入超1亿元的现代生物农业企业，力争使郑州生物农业产业基地产值超50亿元，将河南省建设成为我国生物农业的核心区，积极争取国家将河南省设立为推进农业发展方式转变的国家级示范区。

2. 加快发展高效循环农业。以提高土地资源和环境承载力为核心，推广畜禽集中养殖、生态观光农业两类特色园区发展模式，抓好农业节水、节地、节肥、节药、节能工作，推进畜禽粪便、农作物秸秆和林业剩余物的资源化利用，逐步建立"植物生产—动物转化—微生物还原"的农业循环系统。

积极开展沼气综合利用。充分发挥沼气在发展有机农业、生态农业方面的重要作用，使沼渣、沼液的综合利用与现代农业园区建设、特色种养业发展和优势农产品生产有机结合，减少化肥和农药的投入，促进绿色无公害农产品发展。推出一批适合农业特点的便于使用的沼肥产品和技术，试点发展沼肥利用专业公司，延长沼气产业链条。到2015年，力争全省畜禽粪便资源化率达到95%以上，90%以上的沼渣、沼液实现综合利用。

大力推进秸秆综合利用。以秸秆肥料化、饲料化、新型能源化为主攻方向，通过政策引导、技术创新、项目带动和效益拉动，优化秸秆"五料"（肥料、饲料、燃料、食用菌基料、工业原料）利用结构。大力推进秸秆直接还田、过腹还田，不断提高秸秆利用率。加快秸秆能源化利用步伐，在有条件的地方探索建设一批大型生物质综合利用工程，通过产气、积肥同步和种植、养殖并举，延长秸秆综合利用链条，促进农村新型能源和循环农业发展，到 2015 年，力争全省秸秆综合利用率达到 85% 以上。

3. 加强农业资源保护。加强水资源保护。统筹水资源利用与生态保护，保证河流生态径流，促进水生态系统休养生息。优化配置水资源，坚持全面节约用水，推广农田灌溉节水技术，将灌溉水有效利用系数提高到 0.6。建立饮用水源保护区制度，重点加强对丹江口库区和南水北调中线工程输水沿线、承担城市供水任务的大中型水库的保护。实施地下水保护行动计划，加快河流生态修复、雨洪利用、地下水补源和替代水源工程建设，遏制平原漏斗区地下水水位下降和漏斗面积扩大的趋势。搞好水生态信息体系建设，完成淮河、海河流域主要水功能区实时监控系统建设。选择 5 个以上地方开展农村水污染治理试点。

加强土地资源保护。坚持实行最严格的土地保护制度，从严控制非农业建设占用耕地。通过积极推进农用地和农村居民点整理、工矿废弃地复垦、适度开发宜耕后备土地资源等途径加大耕地的补充力度。进一步优化基本农田布局，使基本农田由小块变大块、零星变整体、低产变高产。定期开展基本农田质量普查与分等定级，及时对基本农田土壤地力和环境质量变化状况、发展趋势进行动态监测和评价。加强对被占用和补充耕地的质量评价，确保不因建设占用造成耕地质量下降。

4. 稳步推进林业生态省建设。加快建设林业生态省，推进桐柏大别山地生态区、伏牛山地生态区、太行生态区、平原生态涵养区建设，建设沿黄河、南水北调中线生态走廊，形成"四区两带"的区域生态格局。

加强丹江口库区水污染防治和水土保持工作，确保南水北调中线输水水质。加强淮河源头、大别山等重要生态功能区保护和管理，增强涵养水源、保持水土能力。实施千里河道治理工程，推进贾鲁河郑州段、惠济河开封段、卫河河南段、北汝河平顶山许昌段等重点河段综合治理。实施湿地保护工程，开展退耕还泽，恢复湿地植被和水禽栖息地。加强各类自然保护区生态保护和建设，保护生物多样性。深入推进林业生态省建设，巩固天然林保护、退耕还林等成果，严格林地保护管理，全面加快山区生态体系、农田防护林体系、防沙治沙、生态廊道、森林抚育改造等省级重点生态工程建设，5 年内新增森林 730 万亩，森林覆盖率达到 24% 以上。实施矿区生态恢复治理工程，推进矿区农田复耕、新村建设、生态恢复同步。加快建立生态补偿机制，加大重要生态功能区生态补偿财政转移支付力度。

（六）加快社会主义新农村和民生工程建设，推动农村社会全面进步

1. 分类指导新农村建设。坚持规划先行、就业为本、农民自愿、量力而行，因地制宜、分类指导，推进社会主义新农村建设。加强乡镇村庄规划管理，合理安排乡镇建设、农田保护、产业集聚、村落分布、生态涵养等空间布局，统筹基础设施、服务设施建设和公益事业发展。在城市郊区、产业集聚区和城市新区，加快推进村庄整合，通过城市和产业辐射带动，建设新型居住社区。在人口密度较大、经济较发达地方，促进城市基础设施向农村延伸，加快中心村镇建设，积极稳妥地推进新型农村社区建设。在经济相对落后地方，有步骤地推进中心村镇建设，引导农村居民向中心村镇集聚。加强农村危房改造。加快推动垃圾集中处理，开展农村环境集中连片整治，改善农村人居环境。完成354个社会主义新农村示范村建设任务。

2. 加强农村基础设施建设。进一步加大农村基础设施建设投入。加快农村安全饮水工程建设，力争到2015年全面解决农村饮水安全问题，提高农村自来水普及率。加强农村公路建设，提高建设标准，加快县乡路及配套大中桥建设，进一步完善通村公路网，实现"乡乡连、县县畅"。大力发展农村沼气，扩大集中供气规模。积极发展太阳能、小水电、生物质能等可再生能源。完成新一轮农村电网改造升级，实施农田机井通电工程。

3. 提高农村公共服务水平。积极推动基本公共服务资源向农村倾斜。巩固提高农村义务教育水平，重点发展农村中等职业教育，推进教育资源均等化。实施广播电视村村通、文化信息资源共享等农村文化惠民工程。完善新型农村合作医疗制度，提高筹资标准和保障水平。健全农村医疗救助制度，完善农村三级医疗卫生服务网络。建设农村社区服务中心，统筹农村便民服务设施建设。

4. 加大扶贫开发力度。加大扶贫投入，逐步提高扶贫标准，加快解决集中连片、特殊困难地区的贫困问题。因地制宜地实行整村推进扶贫开发，加强以工代赈工作，改善贫困地区基础设施条件，提高贫困地区自我发展能力。对偏远山区、生态脆弱区和自然条件恶劣地区的贫困群众，有序开展易地搬迁扶贫。加强农村最低生活保障制度与扶贫开发政策的有效

衔接。加大对革命老区县、贫困县、比照西部大开发政策县的扶持力度，在交通、教育、民生、生态、产业发展等方面给予倾斜支持。5 年内力争完成 5000 个左右扶贫开发重点村的整村推进扶贫任务，再解决 500 万农村贫困人口脱贫致富问题。

专栏 4　"十二五"时期农村基础设施工程项目

农村安全饮水工程。解决 2999.7 万农村居民和 630.3 万农村中小学在校师生的饮水安全问题，力争将自来水普及率提高到 80% 左右。

农村公路建设工程。提高农村公路建设标准，加快县乡路及配套大中桥建设，进一步完善通村公路网，实现"乡乡连、县县畅"。

农村沼气建设工程。在适宜地区新发展农村户用沼气 100 万户，建设大中型沼气示范工程 1000 处、农村沼气服务网点 1000 处。

农村电网改造工程。2012 年完成新一轮农村电网改造升级，实施农田机井通电工程。

农村危房改造工程。完成现有 37 万户危房改造任务，国有林场职工危房改造 5866 户。

农村清洁工程。推行农村垃圾集中收集处理模式和分散式污水处理模式，改善农村人居环境。

四　现代农业发展布局

结合中原城市群、黄淮海平原和豫南豫西豫北山丘区的不同特点和资源优势，积极拓展农业的供给保障、生态防护、景观美化、休闲观光等功能，打造以都市农业区、规模高效农业区、生态绿色农业区为增长极，以现代农业先导示范区为增长点的现代农业发展新格局，形成不同特色的"三化"协调发展示范区。

（一）围绕中心城市建设都市农业区

拓展农业衍生服务功能，大力发展具有观光、休闲、旅游、生态、科技示范功能的城市服务型农业，实现城市化与农业现代化的协调推进。围绕城市发展定位，对都市农业进行分层布局。在城市市区，以优化环境、改善生态、美化城市、服务城市为目的，重点发展城市景观农业、会展农业、森林公园等。在城市郊区，以生产、生态和生活休闲功能为重点，重点发展绿色蔬菜、高档花卉苗木等精准设施农业，结合农业科技的创新转化，建设农业高新科技示范园区，积极发展集自采、休闲、娱乐于一体的休闲观光农业园区。大力发展都市型鲜活、半成品等食品产业和现代农产品物流产业，重点建设郑州食品产业基地和雨润郑州国际农产品采购中心等项目，进一步扩大漯河"中国食品名城"的产业规模。

（二）在黄淮海平原和南阳盆地建设规模高效农业区

这一区域以实现农业标准化生产与工业精深加工链条的无缝对接为目标，重点提升大宗农产品的产业化发展水平，全力拓展产品加工深度和资源利用深度，强化保障性基本农产品生产功能，建设成为农业现代化与工业现代化协调发展的示范区。"十二五"期间，加快推进粮食、棉花、油料、肉类、乳品等大宗农产品标准化生产基地建设，重点打造95个粮食主产县、51个棉花大县、40个油料大县、69个生猪大县、52个奶业大县、30个肉禽大县、20个蛋禽大县、15个水禽大县，并吸引粮食、油料、肉类、禽蛋、饲料、酿酒、棉纺等方面的精深加工能力向该区域集聚，努力把黄淮海平原和南阳盆地建设成为国家粮食稳定增长核心区、大宗农畜产品生产供应保障区、农业产业化发展示范区。

（三）在豫南豫西豫北山丘区建设生态绿色农业区

按生态规律和绿色农产品标准要求，在这一区域大力发展绿色农业，突出优势农产品的区域特色和高效致富功能，建设成为农业现代化与生态环境协调发展的重点区域。从编制生态绿色农业区建设的专项规划入手，重点发展肉牛、肉羊等食草型畜牧业和林果、中药材、茶叶、食用菌、烟叶、桑蚕等优势特色农产品以及绿色粮油等的生产。突出抓好优质水果、道地中药材、优质茶叶等标准化生产基地、生态农业示范园区建设。重点打造30个肉牛养殖重点县、47个肉羊养殖重点县、54个优质林果重点县、23个茶叶重点县、20个中药材重点县、20个食用菌重点县、24个桑蚕重点县，积极引进特色农产品加工龙头企业，培育一批全国知名的优势绿色农产品品牌，加快生产加工基地与国内外知名物流商和物流网络的结合，促进特色农产品出口外销，实现农业增效与生态建设的"双赢"。

（四）大力发展现代农业先导示范区

依托已批准建设的农产品加工业产业集聚区，围绕十大现代农业产业链条，建设50个左右现代农业先导示范区。加快建设郑州新区现代农业示范区，尽快发挥其对全省现代农业发展的引领作用。在先导示范区内，通过整合投资和产业融合，建立以规模化生产基地、精深加工基地和物流节点为主的全链条、全循环现代农业产业体系，并结合城镇建设和社会主义新农村建设，推动产业、人口、土地、村镇逐步集聚，到2015年，力争使先导示范区的产业规模均达到 200 亿元左右，成为河南省"三化"协调发展的先导试验区和示范区。

五　主要政策措施

（一）大力发展新型农业经营主体，提高现代农业产业化经营水平

1. 推动规模经营发展。优化农业经营组织模式，根据畜禽养殖、经济林果、花卉苗木、水产养殖、休闲观光等不同农业形态的特点，重点推广合作组织和种养大户联动发展、龙头企业主导、中小企业集群发展三类农业经营组织模式，逐步形成适应工业化和产业化发展的新型农业经营格局。加快发展农业合作经济和股份合作经济组织，推动土地、资金、技术、装备和劳动力的联合和合作，扩大基本生产经营单元的生产规模，提高各类农民专业合作社对农户的辐射带动能力。确立农业合作经济和股份合作经济组织的法人地位，帮助建立民主管理和风险防范机制。到 2015年，逐步将农业合作经济组织、农业股份合作经济组织、现代农业企业和专业化生产大户培育成为全省特色农业产业的经营主体。各类产业化组织带动农户数占全省农户的比重提高到 60%。

2. 加快发展农业产业化龙头企业。进一步做大做强本地龙头企业，大力推动农业企业优化组合、兼并重组，积极引进国内外大型农产品加工企业进驻河南省，吸引国内外龙头企业在河南省建立总部或区域性总部，将我省建设成为国内农业产业化发展和营销策划中心，推进全省农产品加工业向高附加值、精深加工转变。到 2015 年，培育年营业收入超 1 亿元的龙头企业 600 家、超 10 亿元的 50 家、超 100 亿元的 5 家、超 500 亿元的 2 家、超 1000 亿元的 1 家，各类农业产业化龙头企业销售收入达到14000 亿元，显著缩小与山东省在农业产业化发展上的差距。

3. 全面发展多种类型的农产品市场流通业态。推进物流业与现代农业联动发展，加快完善粮食、冷链食品、花卉物流体系。大力发展大型农产品综合批发市场、区域农产品物流中心、现代农产品交易公共信息平台和电子商务平台，积极发展覆盖城乡的便民连锁超市，推动"农超对接"，鼓励国际大型零售商和本地大型连锁零售企业与农产品产地建立直接合作关系。充分发挥郑州商品交易所的影响力，做大做强现有期货品种，积极推进新品种上市步伐，强化郑州的全国农产品价格、交易和信息中心地位。

（二）着力推动制度创新，改善现代农业发展体制环境

1. 创新农村土地流转机制。在稳定完善农村基本经营制度的前提下，积极发展转包、出租、互换、转让、股份合作等多种形式的土地经营权流转模式，推动土地适度规模经营。探索建立土地银行、农村土地交易所，重点解决流转中的信息对接、价格评估、利益保障等问题。建立农村产权交易所，探索农村资产资本化的有效途径。按照节约用地、保障农民权益的要求推进征地制度改革，完善农村集体经营性建设用地流转和宅基地管理机制。严格界定公益性和经营性建设用地，提高征地补偿标准，逐步实现农村建设用地与国有建设用地同权同价。深化集体林权制度改革，将林地承包经营权和林木所有权落实到户，鼓励林地、林木依法规范流转。

2. 创新金融支农机制。落实县域内银行业金融机构新吸收存款主要用于当地发放贷款政策。鼓励引导金融机构开展农村金融产品和服务方式创新，充分发挥农业发展银行、农业银行、农村信用社、邮政储蓄银行等支农主力军的作用，增加涉农信贷投放。通过创新担保机制、建立农村专业合作组织等，完善涉农贷款风险补偿机制，提高涉农信贷资金使用效率。鼓励有条件的地方以县（市、区）为单位建立社区银行，发展农村小型金融组织和小额信贷。加快组建村镇银行、贷款公司、农村资金互助社等新型农村金融机构，实现新型农村金融机构在全省县域的全覆盖。推动郑州商品交易所开发更多农业产品交易品种。探索建设农畜产品中远期交易现货市场，推动河南省具有比较优势的生猪、大枣、玉米、山药进行中远期现货交易。

3. 建立农业产业与资本市场对接机制。加大宣传和指导力度，引导符合条件的龙头企业通过首发上市和发行企业债、短期融资券、中期票据等方式筹集资金。推动已上市涉农企业通过吸收合并、增发、配股及发行公司债、可转债等形式，进一步提升再融资能力。大力发展农业产业投资基金，适时满足不同发展阶段农业企业的资金需求。指导龙头企业利用融资租赁工具，促进融资结构多元化。制定有针对性的扶持政策，鼓励信托公司针对经济效益良好的农业项目发行信托产品。

4. 创新农业风险防范机制。按照政府引导、政策支持、市场运作、农民自愿的原则，建立多元化的新型农业保险体系，增加农业保险费补贴的品种并扩大覆盖范围，提高农业生产抗风险能力。引导龙头企业资助农户参加农业保险。健全农产品价格保护制度，稳步提高粮食最低收购价。

5. 继续深化农村综合改革。探索建立新形势下农村公益事业建设的有效机制，全面开展村民"一事一议"筹资筹劳财政奖补工作，协调推进水利投融资体制、集体林权和国有林区林权制度、供销社和农垦体制改革。继续深化乡镇机构改革、省直管县财政管理体制改革和乡村债务清理化解等农村综合改革。积极推进河南省农村改革发展综合试验区和河南省统筹城乡发展试验区建设，鼓励各地积极探索解决农业、农村、农民问题新途径。完善落实被征地农民补偿机制和社会保障制度。

（三）扩大对外开放，积极开拓国际市场

充分利用河南省资源、市场、劳动力和区位优势，强力推动农业招商引资，与世界知名食品企业、物流企业加强合作，大力引进国内外战略投资者，努力争取更多的国内外优势农产品加工企业落户河南省。积极引进先进技术、优良品种、管理经验和优秀人才，加快农业产业结构调整步伐，提高河南省农业产业化发展水平。积极扩大农产品出口，加快农业"走出去"步伐，支持龙头企业开发精深加工产品，开拓国际市场。巩固以畜禽产品为主的传统大宗农产品出口，扩大名特优新产品、有机食品、绿色食品的生产与出口，进一步提升河南省农产品国际市场竞争力。支持和鼓励有实力的龙头企业输出技术、管理、品牌和资金，到国内外建设原料生产基地和加工、流通项目，充分利用"两种资源、两个市场"，促进河南省农业产业化又好又快发展。力争到 2015 年，全省食品农产品出口额达到 30 亿美元，年均增长 35%。

（四）加强投入和项目管理，强化资金保障

完善农业投入保障机制，进一步调整财政支出、固定资产投资和信贷投放结构，不断加大各级财政支持农业、农村发展的力度，保证各级财政对农业投入增长高于经常性收入增长幅度，预算内固定资产投资优先投向农业基础设施和农村民生工程，大幅度提高政府土地出让收益和耕地占用税新增收入用于农业的比例。加大惠农补贴力度，逐步提高补贴标准、扩大补贴范围。加大对农业大县的奖励补助力度和转移支付力度，逐步提高农业大县的人均财力水平。积极引导社会资本参与农业、农村建设，促进投资主体多元化。依托项目主体，打造投融资平台，吸纳银行贷款和其他社会资金。深化政府投资体制改革，规范政府投资行为，提高投资效率，逐步建立协调高效、权责一致、适应社会主义市场经济体制要求的支农投资管理体制。按照"存量优化、增量集中、预算内外统筹、跨部门整合"

的要求，对现有支农专项资金进行整合，归并一些范围类似、性质相同的零散资金，增设一些适应现代农业发展需要、具有带动作用的项目资金。按照"统筹考虑、渠道不乱、性质不变、各负其责、各记其功"的原则，围绕农业基础设施建设，加强统筹协调不同渠道管理的农业投入。统筹安排项目，集中投放资金，使不同来源、不同渠道的资金和项目有机结合，优势互补，使有限的资金发挥最大效益。

（五）加强领导和监督考核，强化组织保障各级政府要切实加强对农业、农村工作的领导，确保各项农村政策落到实处

各级主要领导要亲自抓、负总责，分管领导要具体抓，建立任务明确、分工协调、分级负责的工作机制。要研究新情况、解决新问题、探索新规律，不断提高农业、农村工作的领导能力和驾驭水平。各级、各部门要结合实际，制定贯彻落实本规划的具体措施。要把加快农业和农村经济发展纳入各级政府和有关部门的考核体系，对指标进行分解量化，责任分工明确到位。要建立和完善激励机制，加大督察考核力度，总结交流推进农业和农村经济发展的经验、做法，对农业和农村经济发展快的县（市、区）、为农业和农村经济发展做出突出贡献的单位和个人给予表彰奖励。

参考文献

［1］高铁梅：《计量经济分析方法与建模——Eviews 应用及实例》，清华大学出版社 2006 年版。

［2］关谷俊作：《日本的农地制度》，生活·读书·新知三联书店 2004 年版。

［3］农业部课题组：《新时期农村发展战略研究》，中国农业出版社 2005 年版。

［4］速水佑次郎、弗农·拉坦：《农业发展的国际分析》，中国社会科学出版社 2000 年版。

［5］西奥多·Z. 舒尔茨：《改造传统农业》，商务印书馆 1987 年版。

［6］樊胜根：《经济增长、地区差异与贫困——中国农村公共投资研究》，中国农业出版社 2002 年版。

［7］D. 盖尔·约翰逊著：《经济发展中的农业、农村、农民问题》，林毅夫、赵耀辉编译，商务印书馆 2004 年版。

［8］桥本寿朗：《现代日本经济》，上海财经大学出版社 2001 年版。

［9］黄祖辉、邵峰、朋文欢：《推进工业化、城镇化和农业现代化协调发展》，《中国农村经济》2013 年第 1 期。

［10］叶普万、白跃世：《农业现代化问题研究述评——兼谈中国农业现代化的路径选择》，《当代经济科学》2002 年第 5 期。

［11］檀学文：《现代农业、后现代农业与生态农业——"'两型农村'与生态农业发展国际学术研讨会暨第五届中国农业现代化比较国际研讨会"综述》，《中国农村经济》2010 年第 2 期。

［12］肖卫、肖琳子：《二元经济中的农业技术进步、粮食增产与农民增收——来自 2001—2010 年中国省级面板数据的经验证据》，《中国农村经济》2013 年第 6 期。

［13］丁建勋：《信息化与农民增收：理论与实证分析》，《生产力研究》

2006 年第 12 期。

[14] 路剑：《李小北关于农户信息化问题的思考》，《农业经济问题》
2005 年第 5 期。

[15] 冯海发：《增加粮食主产区农民收入的对策思考》，《经济纵横》
2001 年第 12 期。

[16] 白蕴芳、陈安存：《中国农业可持续发展的现实路径》，《中国人
口·资源与环境》2010 年第 4 期。

[17] 卢荣善：《农业现代化的本质要求：农民从身份到职业的转换》，
《经济学家》2006 年第 6 期。

[18] 陈锡文：《"三化"同步发展总工程——评〈农业现代化——与工
业化、城镇化同步发展研究〉》，《中国农村经济》2012 年第 7 期。

[19] 彭代彦、吴扬杰：《农地集中与农民增收关系的实证检验》，《中国
农村经济》2009 年第 4 期。

[20] 倪洪兴：《强化农业保护体系建设推进中国特色农业现代化》，《中
国农村经济》2009 年第 1 期。

[21] 钟甫宁：《劳动力市场的调节是农民增收的关键——评〈农村发展
与增加农民收入〉》，《中国农村经济》2007 年第 5 期。

[22] 王学真、高峰、公茂刚：《农业国际化对农业现代化的影响》，《中
国农村经济》2006 年第 5 期。

[23] 刘志澄：《加快现代农业建议》，《农业经济问题》2003 年第 4 期。

[24] 周洁红、黄祖辉：《农业现代化评论综述——内涵、标准与特点》，
《农业经济》2002 年第 11 期。

[25] 刘纯阳、高启杰：《我国农民收入区域差异变动趋势分析》，《农业
技术经济》2004 年第 2 期。

[26] 柯炳生：《关于我国农民收入问题的若干思考》，《农业经济问题》
2005 年第 1 期。

[27] 张冬平、邓蒙芝、李为、赵淑英：《粮食主产区农民收入增长要素
的 Panel Data 模型分析》，《河南农业大学学报》2006 年第 5 期。

[28] 李凤梅：《国外农业现代化发展经验及对中国的启示》，《世界农
业》2011 年第 9 期。

[29] 万广华：《中国农村区域间居民收入差异及其变化的实证分析》，
《经济研究》1998 年第 8 期。

[30] 刘慧:《我国农村发展地域差异及类型划分》,《地理学与国土研究》2002 年第 4 期。

[31] 蒋和平、黄德林:《中国农业现代化发展水平的定量综合评价》,《农业现代化研究》2006 年第 2 期。

[32] 周维宏:《中日农村农民外出打工对比分析》,上海财经大学出版社 1997 年版。

[33] 梅方权:《农业信息化带动农业现代化的战略分折》,《中国农村经济》2001 年第 12 期。

[34] 景普秋、张复明:《工业化与城市化关系研究综述与评价》,《中国人口·资源与环境》2003 年第 3 期。

[35] 张鸣鸣:《新型农业经营体系和农业现代化——"新型农业经营体系和农业现代化研讨会暨第九届全国农经网络大会"综述》,《中国农村经济》2013 年第 12 期。

[36] 曾福生、高鸣:《中国农业现代化、工业化和城镇化协调发展及其影响因素分析——基于现代农业视角》,《中国农村经济》2013 年第 1 期。

[37] 汪雷:《创新农村公共政策构建农民增收长效机制》,《农业经济问题》2006 年第 7 期。

[38] 王永发:《农民素质与教育》,《农业经济》2004 年第 2 期。

[39] 许开录:《基于国际经验的中国现代农业的发展道路与模式》,《生产力研究》2009 年第 1 期。

[40] 李燕凌:《汤庆熹我国现代农业发展现状及其战略对策研究》,《农业现代化研究》2009 年第 6 期。

[41] 黄小舟:《王红玲从农民增收的角度看我国财政支农资金绩效》,《中央财经大学学报》2005 年第 1 期。

[42] 史煜妍:《加入 WTO 后的中国农业保护政策》,《经济纵横》2003 年第 1 期。

[43] 凯恩斯:《就业、利息和货币通论》,商务印书馆 1981 年版。

[44] 李应振:《后税费时代农民增收长效机制研究》,《农业经济问题》2006 年第 5 期。

[45] 西奥多·W. 舒尔茨:《改造传统农业》,商务印书馆 1987 年版。

[46] 孟俊杰:《北京市农民收入来源构成及增收对策研究》,《农业经济

问题》2007 年第 1 期。

[47] 汪希成、黄静静、杨强:《新疆农业现代化与农民增收问题的实证分析》,《乡镇经济》2009 年第 3 期。

[48] 彭代彦、吴扬杰:《农地集中与农民增收关系的实证检验》,《中国农村经济》2009 年第 4 期。

[49] 尹成杰:《农民持续增收动力:内部动力与外部动力相结合》,《中国农村经济》2006 年第 1 期。

[50] 王凤山、杨炳旭:《抓结构调整促农民增收——以河南省西峡县为例》,《中国农村经济》2005 年第 1 期。

[51] 王雅鹏:《对我国粮食安全路径选择的思考——基于农民增收的分析》,《中国农村经济》2005 年第 3 期。

[52] 李国祥:《农业结构调整对农民增收的效应分析》,《中国农村经济》2005 年第 5 期。

[53] 李万明、刘磊磊、杨强:《中国推进农业现代化过程中的矛盾问题研究》,《生态经济》2009 年第 3 期。

[54] 曾建中:《海南农民增收难的原因与对策分析》,《农业经济问题》2009 年第 1 期。

[55] 吴照云、朱丽萌:《粮食主产区农民增收国家支持体系构想》,《农业经济问题》2007 年第 7 期。

[56] Lewis, A., Economic Development with Unlimited Supplies of Labour. The Manchester School of Economic and Soeial Studies, 1954.

[57] Hayami Yujiro, *Agricultural Development: An International Perspective.* Ruttan. V. W. Jhon Hopkins University Press, 1985.

[58] Knight, J., Song, L., The Spatial Contribution to Income Inequality in Rural China [J]. *Cambridge Journal of Economics*, 1993.

[59] Rozelle, S., Stagnation without Equity: Patterns of Growth and Inequality in China's Rural Economy [J]. *The China Journal*, 1996.

[60] Richard G. Newell, Adam B. Jaffe, Robert N. Stavins. The Induced Innovation Hypothesis and Energy – Saving Technological Change [R]. Discussion Revised.

[61] David Zilberman, Madhu Khanna, Leslie Lipper. Economics of New Technologies for Sustainable Agriculture [J]. *Australian Journal of Ag-*

ricultural and Resource Economics, 1997.

[62] Sheldon Krimsky, *Agricultural Biotechnology & the Environment*: *Science Policy & Social Issues* ［M］. Urbana: University of Illinois of Press, 1996.